Jorge Luis Borges
Zyklische Nacht

SERIE PIPER
Band 831

Zu diesem Buch

Jorge Luis Borges ist zweifellos eine der Schlüsselfiguren der lateinamerikanischen Literatur und zählt zu den großen Stil- und Formkünstlern der Weltliteratur.

Insbesondere sein lyrisches Werk spiegelt Borges' Bemühen wider, der europäischen Tradition, dem »abendländischen Erbe« verbunden zu bleiben; er ist einer der wenigen lateinamerikanischen Schriftsteller, die versucht haben, mit den Themen ihrer Werke die Grenzen ihres Kontinents zu überschreiten.

Die auf deutsch erstmals 1963 erschienenen *Ausgewählten Gedichte* entstammen den *Poemas 1923–1958*. Maßgebliche Kritiker Spaniens und Lateinamerikas stellen sie neben das lyrische Werk T. S. Eliots.

»Die Dichtung von Borges lebt von der Spannung zwischen Intellekt und Anschauung, zwischen dem von der Überfülle des Wissens befruchteten Bewußtsein und der Naivität der Gefühle. Dichtung als Versuch der Überwindung der Fremdheit sich selbst und den anderen gegenüber.« AZ, Wien

Jorge Luis Borges, geboren 1899 in Buenos Aires, gestorben 1986 in Genf. Lebte während des 1. Weltkriegs in Spanien und in der Schweiz; 1921 Rückkehr nach Argentinien; setzte sich für die Verbreitung der europäischen Dichtung in Amerika ein. War Direktor der Nationalbibliothek von Buenos Aires und Professor für englische Literatur. Erhielt 1957 den Nationalpreis für Literatur, 1961 den internationalen Verlegerpreis, 1970 den Interamerikanischen Literaturpreis. Schrieb Lyrik, Essays und vor allem phantastische Erzählungen.

Jorge Luis Borges

ZYKLISCHE NACHT

Ausgewählte Gedichte
Spanisch / Deutsch

Aus dem argentinischen Spanisch
von Otto Wolf

Mit einem Nachwort
von Curt Meyer-Clason

Piper
München Zürich

Dieser Band ist eine Auswahl aus den
»Poemas 1923–1958«.

ISBN 3-492-10831-8
August 1990
R. Piper GmbH & Co. KG, München
Lizenzausgabe mit Genehmigung der Limes Verlag
Niedermayer und Schlüter GmbH, Wiesbaden und München

Umschlag: Federico Luci
Umschlagphoto: © Isolde Ohlbaum
Satz: Poeschel & Schulz-Schomburgk, Eschwege
Druck und Bindung: Clausen & Bosse, Leck
Printed in Germany

I do not set up to be a poet. Only an
allround literary man who talks,
not one who sings . . . Excuse this
apology; but I don't like to come
before people who have a note of song,
and let it be supposed I do not know
the difference.

The Letters of Robert Louis Stevenson,
II, 77 (London 1899)

Ich behaupte nicht, daß ich ein Dichter bin.
Nur ein Mann der Literatur, der redet, nicht
einer, der singt . . . Verzeihen Sie diese Apologie;
aber ich möchte nicht vor Leute kommen, die
eine Idee von Musik im Kopf haben, und für die
es ausgemacht ist, daß ich den Unterschied
nicht kenne.

AN DEN LESER

Wenn den Seiten dieses Buches
irgendein glücklicher Vers
gelingt, möge mir der
Leser die Unhöflichkeit verzeihen, daß ich diesen zuerst usurpiert habe. Unsere Spielereien unterscheiden sich wenig; trivial und zufällig ist der Umstand, daß du der Leser dieser Übungen bist, und ich ihr Verfasser.

J. L. B.

LAS CALLES

Las calles de Buenos Aires
ya son la entraña de mi alma.
No las calles enérgicas
molestadas de prisas y ajetreos,
sino la dulce calle de arrabal
enternecida de árboles y ocaso
y aquéllas más afuera
ajenas de piadosos arbolados
donde austeras casitas apenas se aventuran
hostilizadas por inmortales distancias
a entrometerse en la honda visión
hecha de gran llanura y mayor cielo.
Son todas ellas para el codicioso de almas
una promesa de ventura
pues a su amparo hermánanse tantas vidas
desmintiendo la reclusión de las casas
y por ellas con voluntad heroica de engaño
anda nuestra esperanza.
Hacia los cuatro puntos cardinales
se han desplegado como banderas las calles;
ojalá en mis versos enhiestos
vuelen esas banderas.

DIE STRASSEN

Die Straßen von Buenos Aires
sind meiner Seele Eingeweide worden.
Nicht die betriebsamen Straßen,
geplagt von Eile und Mühsal,
vielmehr die süßen Straßen der Vorstadt,
milde von Bäumen und Abenddämmerung,
und jene noch weiter draußen,
bar aller frommen Baumpflanzung,
wo es die strengen kleinen Häuser kaum wagen –
im Kampf gegen die unsterblichen Fernen –
sich einzudrängen in die tiefe Sicht
weiter Ebene und endlosen Himmels.
Sie alle sind für den Sucher der Seelen
ein Versprechen von Glück,
denn in ihrem Schutz verbrüdern sich so viele Leben,
Lügen strafend die Abgeschlossenheit.
Nach ihnen, mit heldenhaftem Willen zur Selbst-
täuschung,
geht unsere Hoffnung.

In die vier Hauptrichtungen der Windrose
entfalten sich wie Fahnen die Straßen.
Wolle Gott,
daß in meinen aufrechten Versen
diese Fahnen flattern.

LA RECOLETA

Convencidos de caducidad,
irrealizados por tanta certidumbre de anulación,
nos demoramos en las veredas
que apartan los panteones enfilados
cuya vanilocuencia
hecha de mármol, de rectitud y sombra interior,
promete o prefigura la deseable
dignidad de estar muerto.
Hermosa es la serenidad de las tumbas,
la conjunción del mármol y de la flor,
y las plazuelas con frescura de patio
y el aislamiento y la individuación eternales;
cada cual fué contemplador de su muerte,
única y personal como un recuerdo.
Nos place la quietud,
equivocamos tal paz de vida con el morir
y mientras creemos alabar el no-ser,
alabamos el sueño y la indiferencia.
Vehemente en las batallas y apacible en las bóvedas
sólo el vivir existe.
Son aledaños suyos tiempo y espacio,
son las herramientas y son las manos del alma
y cuando ésta se apaga,
juntamente se apagan el espacio, el tiempo, la muerte,
como al cesar la luz
caduca el simulacro de los espejos

LA RECOLETA

Überzeugte der Vergänglichkeit,
Schemen uns selbst durch so viel Gewißheit
der Vernichtung,
verweilen wir auf den Plattenwegen,
die uns von den aufgereihten Pantheonen trennen,
deren Ruhmredigkeit
aus Marmor, Geradheit und innerem Schatten
tot zu sein
als erstrebenswerte Würde vortäuscht.
Schön ist die Gelassenheit der Gräber,
die Verbindung von Gestein und Blume,
der kleine Vorplatz mit der Frische des Patio,
die ewige Abgeschiedenheit.
Jeder war Zeuge des eigenen Todes,
des einmaligen und höchstpersönlichen . . .
Wir lieben die Stille ringsum,
verwechseln diesen Frieden des Lebens mit dem
Sterben,
und indes wir wähnen,
das Nicht-Sein zu rühmen,
rühmen wir nur den Schlaf und die Gleichgültigkeit.
Heftig in den Schlachten
und friedlich in den Grüften –
Leben allein ist Existenz.
Ihre Grenzen sind Zeit und Raum,
sie sind die Werkzeuge, sind die Hände der Seele.
Wenn diese verlöscht,
verlöschen mit ihr der Raum, die Zeit, der Tod,
wie beim Verlöschen des Lichtes
das Trugbild des Spiegels zerrinnt,

que ya la tarde fué entristeciendo.
Sombra benigna de los árboles,
viento rico en pájaros que sobre las ramas ondea,
alma mía que se desparrama por corazones y calles,
fuera milagro que alguna vez dejaran de ser,
milagro incomprensible, inaudito,
aunque su imaginaria repetición infame con horror
nuestros días.

Lo anterior: escuchado, leído, meditado,
lo resentí en la Recoleta,
en el lugar en que han de enterrarme.

das sich schon mit der Dämmerung trübte.
Gütiger Schatten der Bäume,
an Vögeln reicher Wind, der auf den Zweigen schaukelt,
Seele mein, die sich an Herzen und Straßen
verschwendet ...
Wenn sie einmal zu sein aufhörten,
welch unbegreifliches und unerhörtes Wunder!
Und dennoch: der Gedanke, immer wiederkehrend,
entehrt mit Schrecken
unsere Tage.

Dies alles schaute und bedachte ich
auf dem Recoletafriedhof
an jenem Platz,
wo sie mich begraben werden.

CALLE DESCONOCIDA

Penumbra de la paloma
llamaron los hebreos a la iniciación de la tarde
cuando la sombra no entorpece los pasos
y la venida de la noche se advierte
como una música esperada,
no como símbolo de nuestra esencial nadería.
En esa hora de fina luz arenosa
mis pasos dieron con una calle ignorada,
abierta en noble anchura de terraza,
mostrando en las cornisas y en las paredes
colores blandos como el mismo cielo
que conmovía el fondo.
Todo – honesta medianía de las casas austeras,
travesura de columnitas y aldabas,
tal vez una esperanza de niña en los balcones –
se me adentró en el vano corazón
con limpidez de lágrima.
Quizá esa hora única
aventajaba con prestigio la calle,
dándole privilegios de ternura
haciéndola real como una leyenda o un verso;
lo cierto es que la sentí lejanamente cercana
como recuerdo que si llega cansado
es porque viene de la hondura del alma.
Intimo y entrañable
era el milagro de la calle clara
y sólo después

UNBEKANNTE STRASSE

Halbschatten der Taube
nannten die Hebräer den Beginn des Abends,
wenn das Dunkel die Schritte nicht hemmt
und uns das Kommen der Nacht ankündigt
wie eine erwartete Musik
und nicht wie ein Symbol unserer Nichtigkeit.
In dieser Stunde des zarten sandigen Lichts
lenkten mich meine Schritte in eine unbekannte Straße,
offen in weiter Terrassenbreite,
zeigend in den Gesimsen und Wänden
weiche Farben, wie der Himmel selbst
und mich im tiefsten Grunde rührend.
Alles: die ehrliche Mittelhöhe der Häuser,
die mutwilligen Säulen und Türklopfer,
vielleicht auch die Erwartung eines Mädchens auf den Balkonen,
drang in mein eitles Herz
mit der Reinheit einer Träne.
Vielleicht war es die einmalige Stunde,
die der Straße diesen Zauber verlieh
und das Privileg unserer Zärtlichkeit
und sie zur wirklichen Straße machte
wie eine Legende oder ein Vers.
Sicher ist, daß ich sie in weiter Ferne und doch nahe spürte,
wie eine Erinnerung, die schon müde zu uns gelangt,
weil sie aus der Tiefe der Seele kommt.
Herzlich und innig
war das Wunder der klaren Straße,
und erst nachher wurde mir bewußt,

entendí que aquel lugar era extraño,
que toda casa es candelabro
donde arden con aislada llama las vidas,
que todo inmeditado paso nuestro
camina sobre Gólgotas ajenos.

daß jener Ort seltsam war,
daß jedes Haus ein Kandelaber ist,
wo in einsamer Flamme die Leben brennen,
und daß jeder unbedachte Schritt von uns
über fremde Golgathas schreitet.

EL JARDIN BOTANICO

Muy lejos de nosotros
por más que nuestras manos atestigüen los troncos
los árboles que balbucean apenas el ser
sueltan en pos de lo desconocido
su vana lumbrerada de hojas ciegas
que en piadosa ficción arriba se abrazan
como dobladas por la curva celeste.
En supremo aislamiento
cada árbol está conmovedoramente perdido
y sus vidas son incomunicadas y hurañas
como espejos que ahondan habitaciones distintas
o como el soñar de muchos durmientes
que reúne idéntico techo.
Nosotros, mientras tanto,
al margen de su rudimental existencia,
también oscuramente nos buscamos
con nuestra carne desgarrada e impar:
burdo secreto a voces
que con triste congoja nos arrastra
y nos socava el pecho
con la grave eficacia de una pena.
Angustia,
que sólo es un eco borroso
del anhelo y del doloroso entusiasmo
que sintió Dios antes del génesis,
y que no ha hallado hartazgo
en la infinita profusión de estrellas, almas, voces y ocasos
que grita el tiempo gárrulo

DER BOTANISCHE GARTEN

Hoch über uns,
mögen unsere Hände auch Zeugen ihrer Stämme sein,
strecken die Bäume, die ihr Sein kaum flüstern,
das vergebliche Licht ihrer blinden Blätter ins
Unbekannte
und umarmen einander droben in frommer Fiktion
wie gebeugt von des Himmels leuchtendem Bogen.
In unabänderlichem Alleinsein
ist jeder Baum rührend verloren,
sein Leben ist Einzelhaft,
fern aller Mitteilung
wie ein Spiegel, der in seiner Tiefe eine Flucht von
Zimmern zeigt,
oder wie das Träumen vieler Schläfer,
die das gleiche Dach vereint.
Aber auch wir –
neben solch rudimentärem Sein –
auch wir suchen einander in der Dunkelheit,
mit unserem zerfetzten Fleisch:
dem Wort ein lastendes Geheimnis,
das uns mit wehem Kummer packt
und sich uns in die Brust gräbt als furchtbare Wunde.
Angst!
Die nur ein Echo ist, ein undeutliches,
des Eifers und schmerzlichen Überschwangs,
der Gott vor der Erschaffung der Welt erfaßte,
und der seine Sättigung nicht fand
in der unendlichen Verschwendung von Sternen, Seelen,
Stimmen und Sonnenuntergängen,
und der diese geschwätzige Zeit hinausschreit

y abarca en ciencia universal el espacio.
(Al salir vi en un alboroto de niñas
una chicuela tan linda
que mis miradas en seguida buscaron
la conjetural hermana mayor
que abreviando las prolijidades del tiempo
lograse en hermosura quieta y morena
la belleza colmada
que balbuceaba la primera.)

und der mit seiner Universalwissenschaft den Weltraum
umarmt. –
(Als ich den Garten verließ,
sah ich in einer Schar junger Mädchen
eine so hübsche Kleine,
daß mein Blick sofort die
vermutliche ältere Schwester suchte, die,
der Zeit langsamen Schritt verkürzend,
in stiller und brünetter Schönheit
die Vollkommenheit erreicht hätte,
die die Kleine nur stammelte.)

BARRIO RECONQUISTADO

Nadie percibió la belleza
de los habituales caminos
hasta que pavoroso en clamor
y dolorido en contorsión de mártir,
se derrumbó el complejo cielo verdoso,
en desaforado abatimiento de agua y de sombra.
El temporal unánime
golpeó la humillación de las casas
y aborrecible fué a las miradas el mundo,
pero cuando un arco benigno
alumbró con sus colores el cielo
y un olor a tierra mojada
alentó los jardines,
nos echamos a caminar por las calles
como por una recuperada heredad,
y en los cristales hubo generosidades de sol
y en las hojas lucientes que ilustran la arboleda
dijo su trémula inmortalidad el estío.

WIEDEREROBERTES STADTVIERTEL

Niemand nahm die Schönheit wahr
der altgewohnten Wege,
bis schrecklich im Getöse
und mit den gequälten Verrenkungen
eines Märtyrers
der fetzige, grünliche Himmel niederbarst
in mächtigem Sturz von Wasser und Schatten.
Des Unwetters unausweichliche Gewalt
schlug auf die gedemütigten Häuser,
und die Welt wurde den Blicken ein Abscheu.
Als aber ein gütiger Bogen
mit seinen Farben den Himmel erhellte
und der Geruch nach feuchter Erde
die Gärten aufatmen ließ,
schickten wir uns an,
durch die Straßen zu gehen,
wie durch ein wiedergewonnenes Erbe.
In den Fensterscheiben spiegelte sich
die Verschwendung der Sonne,
und in das leuchtende Blattwerk
raunte seine zitternde Unsterblichkeit
der Sommer.

VANILOCUENCIA

La ciudad está en mí como un poema
que no he logrado detener en palabras.
A un lado hay la excepción de algunos versos;
al otro, arrinconándolos,
la vida se adelanta sobre el tiempo,
como terror
que usurpa toda el alma.
Siempre hay otros ocasos, otra gloria;
yo siento la fatiga del espejo
que no descansa en una imagen sola.
Para qué esta porfía
de clavar con dolor un claro verso
de pie como una lanza sobre el tiempo
si mi calle, mi casa,
desdeñosas de símbolos verbales,
me gritarán su novedad mañana?
Nuevas
como una boca no besada.

EITLE REDE

Die Stadt ist in mir
wie ein Gedicht,
das in Worte zu fassen
mir nicht gelang.
Auf der einen Seite die Ausnahme weniger Verse,
auf der anderen, sie in die Ecke drängend,
siegt das Leben über die Zeit
wie ein Herrscher in Willkür,
der die Seele bannt.
Immer wird es neue Sonnenuntergänge geben und
neuen Glanz . . .
In mir ist die Müdigkeit des Spiegels,
der nimmer im einzelnen Bilde ausruht.
Wozu dieser Eifer, einen Vers mit Schmerzen
wie eine Lanze in die Zeit zu bohren,
wenn meine Straße, mein Haus, des Wortes Deu-
tungen mißachtend,
mir morgen ihre Neuheit ins Gesicht schreien werden,
beide neu
wie ein niegeküßter Mund.

SALA VACIA

Los muebles de coaba perpetúan
entre la indecisión del brocado
su tertulia de siempre.
Los daguerrotipos
mienten su falsa cercanía
de vejez enclaustrada en un espejo
y ante nuestro examen se escurren
como fechas inútiles
de aniversarios borrosos.
Con ademán desdibujado
su casi-voz angustiosa
corre detrás de nuestras almas
con más de medio siglo de atraso
y apenas si estará ahora
en las mañanas iniciales de nuestra infancia.
La actualidad constante
convincente y sanguínea
festeja en el trajín de la calle
su plenitud irrecusable
de apoteosis presente
mientras la luz a puñetazos
abre un boquete en los cristales
y humilla las seniles butacas
y arrincona y ahorca
la voz lacia
de los antepasados.

LEERER SAAL

Die Mahagonimöbel
halten ihre Plauderstunde
wie eh und je
zwischen des Brokates Unschlüssigkeit.
Die Daguerreotypen,
spiegelumfaßt,
lügen die scheinbare Nähe
ihrer Vergangenheit.
Doch vor unserer Prüfung entgleiten sie,
wie nutzlose Daten
vergessener Gedenktage.
Mit verzerrter Gebärde
läuft ihre angstvolle Beinahe-Stimme
hinter unseren Seelen her,
ein halbes Jahrhundert zu spät,
und mag schon in den Morgentagen
unserer Kindheit kaum noch gewesen sein.
Das Heute, lebendig,
überzeugend und blutvoll,
feiert im Gewühl der Straße
die unabweisliche Fülle
seiner Apotheose der Gegenwart,
während das Licht mit Faustschlägen
die Scheiben durchbricht,
die greisen Stühle demütigend;
und in den Winkel drängt und erdrosselt
die welke Stimme
der Vorfahren.

FINAL DE ANO

Ni el pormenor simbólico de reemplazar un tres por
un dos
ni esa metáfora baldía
que convoca un año agonizante y otro que surge
ni el cumplimiento de un intrincado plazo astronómico
socavan con cataclismos de badajos y gritos
la altiplanicie de la medianoche serena
y nos obligan a esperar
las doce campanadas oscuras.
La causa verdadera
es la sospecha universal y borrosa
de lo enigmático del Tiempo,
es el asombro ante el milagro
de que a despecho de azares infinitos
perdure algo en nosotros:
inmóvil.

JAHRESENDE

Nicht das symbolische Detail, eine Drei anstelle einer
Zwei zu setzen,
nicht jene leere Metapher,
die von einem sterbenden Jahr spricht
und dem neuen, das geboren wird,
nicht die Einhaltung eines komplizierten astronomischen
Termins
unterhöhlen mit Kataklysmen von Glockengeläute und
Geschrei
die Hochebene der heiteren Mitternacht,
nicht sie sind es, die uns zwingen,
auf die zwölf dunklen Glockenschläge zu warten.
Der wahre Grund
liegt im universellen und unbestimmten Verdacht
des Rätselhaften der Zeit,
es ist das Erstaunen vor dem Wunder,
daß, trotz der unendlichen Zufälle,
etwas in uns dauerhaft bleibt
und unbeweglich.

ROSAS

En la sala tranquila
cuyo reloj austero derrama
un tiempo ya sin aventuras ni asombro
sobre la lastimosa blancura
que amortaja la pasión roja de la caoba,
alguien en queja de cariño
pronunció el nombre familiarmente horrendo.
La imagen del tirano
abarrotó el instante,
no clara como un mármol en un bosque,
sino grande y umbría
como la sombra de una remota montaña
y conjeturas y recuerdos
sucedieron a la mención eventual
como sucede a un golpe una lucha.
Famosamente infame
su nombre fué desolación en las calles,
idolátrico amor en el gauchaje
y horror de puñaladas en la historia.
Hoy el olvido borra su censo de muertes,
porque son parciales los crímenes
si los cotejamos con la fechoría del Tiempo,
esa inmortalidad infatigable
que anonada con silenciosa culpa las razas
y en cuya herida siempre abierta
que el último dios habrá de restañar el último día,
cabe toda la sangre derramada.
No sé si Rosas
fué sólo un ávido puñal como los abuelos decían;

ROSAS

In dem ruhigen Saal,
dessen strenge Uhr
eine Zeit, schon ohne Abenteuer und Schrecken,
ausstreut über das armselige Weiß der Wände,
einhüllend die rote Leidenschaft des Mahagonis wie in
ein Leichentuch,
sprach jemand, mit dem Verlangen nach Wertschätzung,
den gemeiniglich schrecklichen Namen aus.
Das Bild des Tyrannen
schlug den Augenblick nieder,
nicht klar wie ein Marmor in einem Hain,
sondern groß und schattig wie ein ferner Berg,
und Vermutungen und Erinnerungen
folgten der beiläufigen Erwähnung,
wie auf einen Schlag der Kampf folgt.
Berühmt und schändlich,
war sein Name Verzweiflung in den Gassen,
aber vergötterte Liebe unter den Gauchos,
und Schrecknis von Erdolchungen in der Geschichte.
Heute löscht das Vergessen den Zensus seiner Morde
aus;
denn relativ sind die Verbrechen,
wenn wir sie mit der Missetat der Zeit vergleichen,
jener unermüdlichen Unsterblichkeit,
die in stiller Schuld die Geschlechter vernichtet,
und in deren stets offener Wunde,
die der letzte Gott am letzten Tag wird stillen müssen,
alles vergossene Blut Platz hat.
Ich weiß nicht, ob Rosas ein gieriger Dolch war
und sonst nichts, wie die Großväter sagten;

creo que fué como tú y yo
un azar intercalado en los hechos
que vivió en la cotidiana zozobra
e inquietó para felicidades y penas
la incertidumbre de otros.

Hoy es el mar una separación caudalosa
entre su reliquia cenizal y la patria,
hoy toda vida por lastimera que sea
puede pisar su aniquilamiento y su noche.
Ya Dios lo habrá olvidado
y es menos una injuria que una piedad
retardar su infinita disolución
con limosnas de odio.

ich glaube, daß er so war wie du und ich,
ein Zufall, eingeschoben zwischen den Ereignissen,
der in der täglichen Angst lebte
und zu Glück und Leid
die Unsicherheit der anderen aufwühlte.

Heute ist das Meer eine genügend weite Trennung
zwischen seiner Aschenreliquie und dem Vaterland,
heute kann jedes Leben, mag es noch so armselig sein,
über seine Vernichtung schreiten und über seine Nacht.
Auch Gott wird ihn schon vergessen haben,
und es ist nicht so sehr Schimpf als Ehrfurcht,
seine gänzliche Auflösung
mit Almosen des Hasses
zu verzögern.

ARRABAL

A Guillermo de Torre

El arrabal es el reflejo
de la fatiga del viandante.

Mis pasos claudicaron
cuando iban a pisar el horizonte
y quedé entre las casas,
miedosas y humilladas,
encarceladas en manzanas
diferentes e iguales
como si fueran todas ellas
recuerdos superpuestos, barajados,
de una sola manzana.
El pastito precario
desesperadamente esperanzado
salpicaba las piedras de la calle
y mis miradas comprobaron
gesticulante y vano
el cartel del poniente
en su fracaso cotidiano
y sentí *Buenos Aires:*
esta ciudad que yo creí mi pasado
es mi porvenir, mi presente;
los años que he vivido en Europa son ilusorios,
yo he estado siempre (y estaré) en Buenos Aires.

1921

VORSTADT

Die Vorstadt ist die Spiegelung
der Müdigkeit des Wanderers.

Meine Schritte begannen zu erlahmen,
als sie den Horizont erreichten,
und ich hielt inne zwischen den Häusern,
den furchtsamen und gedemütigten,
eingekerkert in Manzanas,
verschieden und gleich,
wie Spielkarten gemischt,
als ob sie ineinandergeschobene Erinnerungen wären.
einer einzigen Manzana.
Die spärlichen Grashalme
bespritzten die Steine der Straße
mit verzweifelter Hoffnung,
und meine Blicke wurden Zeugen
des Sonnenuntergangs,
mit seinen vielen, vergeblichen Gesten,
gleich einem Plakat
in seiner täglichen Zwecklosigkeit;
und ich spürte Buenos Aires.
Diese Stadt, die ich meine Vergangenheit glaubte,
ist meine Zukunft, ist meine Gegenwart.
Die Jahre, die ich in Europa gelebt habe, sind illusorisch,
ich war immer (und werde immer sein) in Buenos Aires.

REMORDIMIENTO POR CUALQUIER DEFUNCION

Libre de la memoria y de la esperanza,
ilimitado, abstracto, casi futuro,
el muerto no es un muerto: es la muerte.
Como el Dios de los místicos,
de quien deben negarse todos los predicados,
el muerto ubicuamente ajeno
no es sino la perdición y ausencia del mundo.
Todo se lo robamos,
no le dejamos ni un color ni una sílaba:
aquí está el patio que ya no comparten sus ojos,
allí la acera donde acechó su esperanza.
Hasta lo que pensamos
podría estarlo pensando él también;
nos hemos repartido como ladrones
el asombroso caudal de noches y días.

REUE BEIM TODE VON IRGEND JEMANDEM

Frei von Erinnerung und Hoffnung,
unbegrenzt, abstrakt, fast zukünftig,
ist der Tote nicht ein Toter: er ist der Tod.
Wie der Gott der Mystiker,
von dem man alle Prädikate verneinen soll,
ist der Tote überall fremd,
und nichts anderes als der Untergang und die
Abwesenheit der Welt.
Alles rauben wir ihm,
wir lassen ihm nicht einmal eine Farbe oder eine Silbe:
hier ist der Patio, den seine Augen schon nicht mehr
mit uns teilen,
hier ist der Gehsteig, wo seine Hoffnung Ausschau
hielt.
Und selbst was wir denken, könnte er jetzt auch
denken;
wie Diebe haben wir unter uns aufgeteilt
den erstaunlichen Vorrat von Nächten und Tagen.

JARDIN

Zanjones
sierras áridas
médanos,
sitiados por jadeantes singladuras
y por las leguas de temporal y de arena
que desde el fondo del desierto se agolpan.
En un declive está el jardín.
Cada arbolito es una selva de hojas.
Lo asedian vanamente
los estériles cerros doloridos
que apresuran la noche con su sombra
y el triste mar de inútiles verdores.
Todo el jardín es una luz apacible
que ilumina la tarde
y es también un acorde
entre la algarabía del paraje.
El jardincito es un día de fiesta
en la eternidad de la tierra.

GARTEN

Trockene Flußbette,
dürre Bergketten,
Sanddünen
entlang keuchender Tagesreisen
und Meilen von Sturm und Sand,
die aus der Tiefe der Wüste anstürmen.
Auf einem Hang liegt der Garten.
Jedes Bäumchen ist ein Wald von Blättern.
Vergeblich belagern ihn
die unfruchtbaren Hügel
und das traurige Meer des nutzlosen Grüns.
Der ganze Garten ist ein friedliches Licht,
das den Abend erleuchtet,
und ein Akkord,
zwischen der wirren Musik der Landschaft.
Der kleine Garten ist ein Festtag
in der Ewigkeit der Erde.

INSCRIPCION
EN CUALQUIER SEPULCRO

No arriesgue el mármol temerario
gárrulas infracciones al todopoder del olvido,
rememorando con prolijidad
el nombre, la opinión, los acontecimientos, la patria.
Tanto abalorio bien adjudicado está a la tiniebla
y el mármol no hable lo que callan los hombres.
Lo esencial de la vida fenecida
—la trémula esperanza,
el milagro implacable del dolor y el asombro del goce—
siempre perdurará.
Ciegamente reclama duración el alma arbitraria
cuando la tiene asegurada en vidas ajenas,
cuando tú mismo eres la continuación realizada
de quienes no alcanzaron tu tiempo
y otros serán (y son) tu inmortalidad en la tierra.

INSCHRIFT AUF EINEM BELIEBIGEN GRAB

Es erkühne sich nicht der herausfordernde Marmor
zu geschwätzigen Einbrüchen in die Allmacht des
Vergessens,
ausgiebig gedenkend
des Namens, des Rufes, der Ereignisse, des Vaterlands.
So viel rechtens zuerkannter Flitter ist der Dunkelheit
anheimgefallen,
und der Marmor spreche nicht, wovon die Menschen
schweigen.
Das Wesentliche des vergangenen Lebens:
die zitternde Hoffnung,
das unversöhnliche Wunder des Schmerzes und das
Staunen der Lust
werden ewig bleiben.
Die willkürliche Seele in ihrer Blindheit verlangt nach
Dauer,
wenn sie diese doch in den fremden Leben gesichert hat,
wenn du selbst die verwirklichte Fortsetzung derer bist,
die nicht deine Zeit erreichten.
Und andere werden sein und sind
deine Unsterblichkeit
auf Erden.

LA GUITARRA

He mirado la Pampa
desde el traspatio de una casa de Buenos Aires.
Cuando entré no la vi.
Estaba acurrucada
en lo profundo de una brusca guitarra.
Sólo se reveló
al entreverar la diestra las cuerdas.
No sé lo que azuzaban;
a lo mejor fué un aire del Norte
pero yo vi la Pampa.
Vi muchas brazadas de cielo
sobre un manojito de pasto.
Vi una loma que arrinconan
quietas distancias
mientras leguas y leguas
caen desde lo alto.
Vi el campo donde cabe
Dios sin haber de inclinarse,
vi el único lugar de la tierra
donde puede caminar Dios a sus anchas.
Vi la Pampa cansada
que antes horrorizaron los malones
y hoy apaciguan en quietud maciza las parvas.
De un tirón vi todo eso
mientras se desesperaban las cuerdas
en un compás tan zarandeado como éste.

DIE GITARRE

Ich habe die Pampa gesehen,
ich war im rückwärtigen Patio
eines Hauses in Buenos Aires.
Als ich eintrat, sah ich sie nicht.
Sie war niedergeduckt
im Innersten einer jähen Gitarre.
Sie enthüllte sich erst,
als die Rechte in die Saiten griff;
weiß Gott, wozu sie anspornten,
vielleicht war es eine Melodie des Nordens,
aber ich sah die Pampa.
Ich sah viel Sengen des Himmels
über einer Handvoll Gräser.
Ich sah einen Bergrücken,
den ruhige Weiten
in die Ecke drängten,
indes Meilen und Meilen von seiner Höhe herab-
flossen.
Ich sah die Ebene, wo Gott
Platz hat, ohne sich zu bücken,
ich sah den einzigen Ort der Erde,
wo Gott ganz nach Belieben spazierengehen kann.
Ich sah die müde Pampa,
einst Tummelplatz der Übeltäter,
die dort Entsetzen verbreiteten,
befriedet jetzt in der Stille gemauerter Scheunen.
Mit einem Schlag sah ich dies alles,
während die Saiten verzweifelten
in einem Rhythmus,
so zerfetzt, wie diese Verse.

(La vi también a ella,
cuyo recuerdo aguarda en toda música.)
Hasta que en brusco cataclismo
se apagó la guitarra apasionada
y me cercó el silencio
y hurañamente tornó el vivir a estancarse.

(Auch sie erblickte ich,
deren Erinnerung fortlebt in jeder Musik.)
Bis plötzlich die Gitarre verstummte
wie von einem Erdstoß getroffen
und mich die Stille umfing
und mürrisch das Leben erstarrte.

ULTIMO RESPLANDOR

Siempre es conmovedor el ocaso
por charro o indigente que sea,
pero más conmovedor todavía
es aquel brillo desesperado y final
cuya herrumbre avejenta la llanura
cuando en el horizonte nada recuerda
la vanagloria del poniente.
Nos duele sostener esa luz tirante y distinta,
esa luz tan sin causa
que es una alucinación que impone al espacio
el unánime miedo de la sombra
y que cesa de golpe
cuando notamos su falsía,
como se desbarata un sueño
cuando el soñador percibe que duerme.

LETZTES AUFLEUCHTEN

Immer ist ergreifend der Sonnenuntergang,
sei er noch so karg und anspruchslos,
doch ergreifender
ist jener verzweifelte Endglanz,
dessen Rost die Ebene altert,
wenn nichts am Horizont mehr
an das Gepränge des Sonnenuntergangs erinnert.
Uns schmerzt dies spannungsgeladene andersartige
Licht –
dieses Licht so ohne Grund,
das eine Sinnestäuschung ist, dem Raume aufgedrängt
von unserer Furcht vor dem Dunkel
und das plötzlich weicht,
sobald wir seines Trugs gewahr –
gleichwie ein Traum zerrinnt,
merkt erst der Träumer,
daß er schläft.

AMANECER

En la honda noche universal
que apenas contradicen los macilentos faroles
una racha perdida
ha ofendido las calles taciturnas
como presentimiento tembloroso
del amanecer horrible que ronda
igual que una mentira
los arrabales desmantelados del mundo.
Curioso de la descansada tiniebla
y acobardado por la amenaza del alba
resentí la tremenda conjetura
de Schopenhauer y de Berkeley
que declara que el mundo
es una actividad de la mente,
un sueño de las almas,
sin base ni propósito ni volumen.
Y ya que las ideas
no son eternas como el mármol
sino inmortales como una selva o un río,
la especulación anterior
asumió otra forma en el alba
y la superstición de esa hora
cuando la luz como una enredadera
va a implicar las paredes de la sombra,
doblegó mi razón
y trazó el capricho siguiente:
Si están ajenas de sustancia las cosas
y si esta numerosa urbe de Buenos Aires
equiparable en complicación a un ejército
no es más que un sueño

TAGESANBRUCH

In der Tiefe der Weltnacht,
der die bleichen Laternen kaum widersprechen,
hat ein verirrter Windstoß
die schweigsamen Straßen angefallen,
wie ein zittriges Vorgefühl
des schrecklichen Morgengrauens,
das gleich einer Lüge umlauert
die geschleiften Vorstädte der Welt.
Neugierig, den ausgeruhten Nebel zu durchdringen,
und bange vor der Drohung des Morgenlichtes
mußte ich an die ungeheuerliche Hypothese
von Berkeley und Schopenhauer denken,
die besagt,
daß die Welt eine Tätigkeit des Geistes ist,
ein Traum der Seelen,
ohne Basis, Zweck und Volumen. –
Und,
da die Ideen nicht unabänderlich sind wie der Marmor,
sondern unsterblich wie ein Wald oder ein Fluß,
nahm dieser Gedankengang
eine neue Gestalt an im Morgengrauen;
und der Aberglaube dieser Stunde,
deren Licht wie eine Schlingpflanze
allmählich die Wände des Schattens überfluten wird,
zwang meine Vernunft nieder
und entwarf das folgende Gedankenspiel:
wenn die Dinge mit der Substanz nichts zu tun haben,
und diese zahlreiche Stadt von Buenos Aires,
vergleichbar der Kompliziertheit eines Heeres,
nichts weiter ist als ein Traum,

que logran en compartida magia las almas,
hay un instante
en que peligra desaforadamente su ser
y es el instante estremecido del alba,
cuando son pocos los que sueñan el mundo
y sólo algunos trasnochadores conservan
cenicienta y apenas bosquejada
la visión de las calles
que definirán después con los otros.
¡Hora en que el sueño pertinaz de la vida
está en peligro de quebranto,
hora en que le sería fácil a Dios
matar del todo su obra!

Pero otra vez el mundo se ha salvado.
La luz discurre inventando sucios colores
y con algún remordimiento
de mi complicidad en la resurrección cotidiana
solicito mi casa
atónita y glacial en la luz turbia
mientras un zorzal impide el silencio
y la noche abolida
se ha quedado en los ojos de los ciegos.

den die Seelen in vereinter Magie hervorbringen,
gibt es einen Augenblick,
der seine Existenz in höchstem Grade gefährdet:
es ist der unheimliche Augenblick des Morgengrauens,
wenn es nur einzelne Menschen sind, die die Welt
träumen,
und nur wenige Nachtwandler,
die, als aschenfahl und skizzenhaft,
die Vision der Straßen bewahren,
die sie später am Tage
mit den anderen definieren werden;
Stunde, in der der beharrliche Traum des Lebens
Gefahr läuft, zu zerbrechen,
Stunde, in der es Gott leichtfiele,
sein ganzes Werk zu töten.

Aber noch einmal ist die Welt davongekommen!
Das Licht eilt ringsum, erfindet schmutzige Farben,
und mit ein wenig Gewissensbissen,
weil ich Komplize bin der täglichen Auferstehung,
suche ich mein Haus auf,
das mich im trüben Licht
erstaunt und eisig empfängt,
während eine Drossel die Stille durchbricht
und die vertriebene Nacht
in den Augen der Blinden geblieben ist.

EL SUR

Juntamente
caducan la población y la tarde.
Semejantes a ejércitos
por aquí discurren los trenes
evidenciando con rudo herraje oficioso
la inmóvil pobrería de las casas
polvorientas de tedio,
que al pie del claro cielo
vertiginosamente dilatado
insinúan a la oración su rígida sombra.
¡Qué lastimosas las enaltecidas barreras
contra la herrumbre del poniente!
En estos aledaños
hay vislumbres de sitios de batalla:
tenaces terraplenes
que abaten alrededor los campos serviles,
charcos abandonados
que las puestas de sol criminan de sangre,
zanjones, humaredas, puentes, clangores
y el tajo renegrido de los rieles
apartando las casas
y una precisión militar de tiempo y señales
y un militar desorden de alternativas de lucha.
Todo eso deja su sabor amargo en el alma.

DER SÜDEN

Mit einem
gehen zur Neige
Dorf und Abend.
Gleich einem Kriegsheer
durchzieht die Eisenbahn das Land,
bezeugend mit ihrem amtlichen, schweren Eisenwerk
die unbewegliche Armseligkeit der Häuser,
die, staubig von Langeweile,
am Fuße des
klaren, in schwindlige Höhe gedehnten Himmels
ihren starren Schatten zum Gebet ausstrecken.
Wie schade die hohen Schranken
gegen den Rost des Sonnenuntergangs!
Das Gelände erinnert
an Schlachtfelder:
zähe Dämme,
die ringsum niederwerfen willfährige Felder,
einsame Pfützen,
von Sonnenuntergängen mit Blut gefüllt,
Flußbette, Rauchwolken, Brücken,
und der rauchgeschwärzte Schnitt des Schienenstrangs,
der die Häuser scheidet,
und eine militärische Präzision der Zeit und Signale
und eine militärische Unordnung der Wechselfälle
des Kampfes.
Dies alles hinterläßt seinen bitteren Nachgeschmack
in der Seele.

LLANEZA

Se abre la verja del jardín
con la docilidad de la página
que una frecuente devoción interroga
y adentro las miradas
no precisan fijarse en los objetos
que ya están cabalmente en la memoria.
Conozco las costumbres y las almas
y ese dialecto de alusiones
que toda agrupación humana va urdiendo.
No necesito hablar
ni mentir privilegios;
bien me conocen cuantos aquí me rodean,
bien saben mis congojas y mi flaqueza.
Eso es alcanzar lo más alto,
lo que tal vez hemos de conseguir en el cielo:
no admiraciones ni victorias
sino sencillamente ser admitidos
como parte de una Realidad innegable,
como las piedras y los árboles.

SCHLICHTHEIT

Es öffnet sich die Gittertüre des Gartens
mit der Fügsamkeit der Seite,
von häufiger Devotion befragt,
und drinnen brauchen die Blicke
nicht der Dinge zu achten,
die schon ganz im Gedächtnis sind.
Ich kenne die Gewohnheiten und die Seelen
und diesen Dialekt der Anspielungen,
den sich jede menschliche Versammlung zurechtlegt.
Nicht brauche ich zu sprechen,
noch Schmeicheleien vorzulügen,
gut kennen mich, die mich hier umgeben,
gut wissen sie um meine Ängste und Schwächen.
Dies heißt das Höchste erreichen,
was uns vielleicht sonst nur dereinst im Himmel zu erreichen
beschieden ist:
keine Bewunderungen, keine Siege,
sondern einfach zugelassen sein
als Glied einer unleugbaren Realität,
wie die Steine und die Bäume.

CAMPOS ATARDECIDOS

El poniente de pie como un Arcángel
tiranizó el camino.
La soledad repleta como un sueño
se ha remansado alrededor del pueblo.
Las esquilas recogen la tristeza
dispersa de la tarde. La luna nueva
es una vocecita desde el cielo.
Según va anocheciendo
vuelve a ser campo el pueblo.

*

El poniente que no se cicatriza
aun le duele a la tarde.
Los colores temblando se acurrucan
en las entrañas de las cosas.
Al caminar mis pasos desmienten
la fatiga del tiempo.
En el dormitorio vacío
la noche cerrará los espejos.

ABEND AUF DEM LANDE

Der Sonnenuntergang, aufrecht wie ein Erzengel,
beherrschte den Weg.
Die Einsamkeit, vollkommen wie ein Schlaf,
hat sich rund ums Dorf gemildert.
Die Kuhglocken fangen die verstreute Traurigkeit
des Abends ein. Der neue Mond ist
eine kleine Stimme vom Himmel.
Wie es allmählich Nacht wird,
wird das Dorf wieder Feld.

*

Der Sonnenuntergang, der noch nicht vernarbt ist,
schmerzt den Abend.
Zitternd ducken sich die Farben
in die Eingeweide der Dinge.
Ich schreite aus und meine Schritte strafen Lügen
die Müdigkeit der Zeit.
Im leeren Schlafzimmer
wird die Nacht die Spiegel schließen.

CERCANIAS

Los patios
llenos de ancestralidad y eficacia,
porque están cimentados
en las dos cosas primordiales que existen:
en la tierra y el cielo.
Las ventanas con reja
desde la cual la calle
se vuelve familiar como una lámpara.
Las encrucijadas oscuras
que lancean cuatro infinitas distancias
en arrabales hechos de acallamiento y sosiego.
Las alcobas profundas
donde arde en quieta llama la caoba
y el espejo a pesar de resplandores,
en una remansada serenidad en la sombra.
Las calles que altivece tu hermosura . . .
He nombrado los sitios
donde se desparrama la ternura
y el corazón está consigo mismo.

NAHES

Die Patios,
Zeugen der Vorzeit und der Vollkommenheit –
denn sie sind gegründet
auf den zwei ursprünglichsten Dingen, die es gibt:
auf Erde und Himmel.
Die Fenster mit Gitter,
durch das wir die Straße
vertraut sehen wie eine Lampe.
Die dunklen Kreuzwege,
die vier unendliche Entfernungen bohren
in Vororte des Schweigens und der Gelassenheit.
Die tiefen Alkoven,
wo in ruhiger Flamme der Mahagoni leuchtet
und der Spiegel
in des Schattens gestautem Gleichmut.
Die Schönheit der Straßen,
durch deine Schönheit erhöht . . .
Ich habe die Plätze genannt,
wo sich die Zärtlichkeit verschwendet
und wo das Herz eins ist mit sich.

AL HORIZONTE DE UN SUBURBIO

Pampa:
Yo diviso tu anchura que ahonda las afueras,
yo me estoy desangrando en tus ponientes.

Pampa:
Como esa voz del agua que alzan los desplayados,
así de tu silencio viene un silencio grande
que me desbanda el pecho en cada bocacalle.

Pampa:
Yo te oigo en las mañeras guitarras sentenciosas
y en altos benteveos y en el ruido cansado
de los carros de pasto que vienen del verano.

Pampa:
Eres buena y de siempre como un Avemaría;
la llaneza de un patio colorado me basta
para sentirte mía.

Pampa:
Clara como la luna, pareja como el agua
es tu verdá en el símbolo. Yo sé que te desgarran
surcos y callejones y el viento hecho picana.
Pampa sufrida y macha que ya estás en los cielos,
no sé si eres la muerte. Sé que estás en mi pecho.

AN DEN HORIZONT EINER VORSTADT

Pampa:
in der Ferne
deine Unendlichkeit –
ich verblute in deinen Sonnenuntergängen.

Pampa:
wie die Stimme, die aus des Wassers Stille tönt,
so steigt aus deiner Stille ein großes Schweigen,
das mir bei jeder Straßenmündung das Herz zerreißt.

Pampa:
ich höre dich in den listigen Gitarren, den vielsagenden,
im lauten Ruf der Benteveos
und im müden Geräusch der Heuwagen,
die vom Sommer kommen.

Pampa:
du bist gütig wie ein Ave Maria.
die Schlichtheit eines roten Patios genügt,
und du bist mein.

Pampa:
klar wie der Mond, stetig wie das Wasser –
dies Gleichnis birgt deinen Sinn.
Ich weiß, daß du zerrissen
von Furchen und engen Wegen
und gepeitscht vom Winde bist
der der Picana gleicht.

Pampa:
geduldige, männliche, himmelanführende,
ich weiß nicht, ob du der Tod bist,
ich weiß, daß du in meiner Brust bist.

AMOROSA ANTICIPACION

Ni la intimidad de tu frente clara como una fiesta
ni la privanza de tu cuerpo, aún misterioso y tácito y
de niña.
ni la sucesión de tu vida situándose en palabras o
acallamiento
serán favor tan persuasivo de ideas
como el mirar tu sueño implicado
en la vigilia de mis brazos.
Virgen milagrosamente otra vez por la virtud absolutoria
del sueño,
quieta y resplandeciente como una dicha en la selección
del recuerdo,
me darás esa orilla de tu vida que tú misma no tienes.
Arrojado a quietud,
divisaré esa playa última de tu ser
y te veré por vez primera quizás,
como Dios ha de verte,
desbaratada la ficción del Tiempo,
sin el amor, sin mí.

VORAUSSAGE EINES LIEBENDEN

Nicht die Vertrautheit deines Antlitzes,
strahlend wie ein Fest,
nicht die Versagung deines Körpers,
mysteriös und stumm und – eines Mädchens,
nicht der Ablauf deines Lebens,
in Worten oder Schweigen,
wird so überzeugende Gunst den Gedanken sein
wie das Betrachten deines Schlafes,
umfangen vom Wachen meiner Arme.
Jungfrau wiederum durch die freisprechende Befugnis
des Schlafes,
still und leuchtend wie ein auserlesenes Glück der
Erinnerung,
wirst du mir jenes Ufer deines Lebens geben,
das du selbst nicht hast.
An die Küste des Schweigens geworfen,
werde ich jenen letzten Strand deines Seins entdecken
und werde dich zum ersten Male so sehen,
wie dich vielleicht Gott sehen wird,
wenn die Fiktion der Zeit gebrochen ist:
ohne Liebe, ohne mich.

JACTANCIA DE QUIETUD

Escrituras de luz embisten la sombra, más prodigiosas
que meteoros.
La alta ciudad inconocible arrecia sobre el campo.
Seguro de mi vida y de mi muerte, miro los ambiciosos
y quisiera entenderlos.
Su día es ávido como el lazo en el aire.
Su noche es tregua de la ira en el hierro, pronto en
acometer.
Hablan de humanidad.
Mi humanidad está en sentir que somos voces de una
misma penuria.
Hablan de patria.
Mi patria es un latido de guitarra, unos
retratos y una vieja espada,
la oración evidente del sauzal en los atardeceres.
El tiempo está viviéndome.
Más silencioso que mi sombra, cruzo el tropel de su
levantada codicia.
Ellos son imprescindibles, únicos, merecedores del
mañana. Mi nombre es alguien y cualquiera.
Su verso es un requerimiento de ajena admiración.
Yo solicito de mi verso que no me contradiga, y es
mucho.
Que no sea persistencia de hermosura, pero sí de certeza
espiritual.
Yo solicito de mi verso que los caminos y la soledad lo
atestigüen.

LOB DER GERUHSAMKEIT

Schriften von Licht,
verschwenderischer als Meteore,
überfallen den Schatten:
die hohe Stadt ist Herrin der Felder.
Selbstsicher in meinem Leben und in meinem Tode
betrachte ich die Ehrgeizigen
und möchte sie verstehen.
Ihr Tag ist gierig gleich dem Lasso in der Luft.
Ihre Nacht ist Rast vom Zorn des Eisens,
bereit zum Losschlagen.
Sie reden von Menschlichkeit,
meine Menschlichkeit ist das Wissen,
daß wir die Stimmen gleichen Elends sind.
Sie reden von Vaterland,
mein Vaterland: Herzschlag der Gitarre,
ein paar Bilder und ein alter Degen,
das Gebet der Weiden in der Abenddämmerung.
Mich lebt die Zeit.
Stiller als mein Schatten
durchschreite ich die Rotte ihrer Habgier.
Sie sind unausweichlich, einmalig, würdig des Morgen.
Mein Name ist ein beliebiger und irgendeiner.
Ihr Vers ist Streben nach fremder Bewunderung.
Ich verlange von meinem Vers,
daß er mir nicht widerspreche
und es ist viel.
Sein Anliegen sei nicht die Schönheit,
sein Ziel sei geistige Bestimmtheit.
Ich verlange von meinem Vers, daß die Wege
und die Einsamkeit ihn bestätigen.

Gustosamente ociosa la fe, paso bordeando mi vivir.
Paso con lentitud, como quien viene de tan lejos que no
espera llegar.

Gemächlich auch im Glauben,
schlendere ich am Rande meines Lebens
und schreite nur langsam,
wie einer, der von so weither kommt,
daß er nicht hofft,
ans Ziel zu gelangen.

CASI JUICIO FINAL

Mi callejero *no hacer nada* vive y se suelta por la
variedad de la noche.
La noche es una fiesta larga y sola.
En mi secreto corazón yo me justifico y ensalzo:
He atestiguado el mundo; he confesado la rareza del
mundo.
He cantado lo eterno: la clara luna volvedora y las
mejillas que apetece el querer.
He santificado con versos la ciudad que me ciñe:
la infinitud del arrabal, los solares.
En pos del horizonte de las calles he soltado mis salmos
y traen sabor de lejanía.
He dicho asombro de vivir, donde otros dicen solamente
costumbre.
Frente a la canción de los tibios, encendí en ponientes
mi voz, en todo amor y en el horror de la muerte.
A los antepasados de mi sangre y a los antepasados de
mi espíritu sacrifiqué con versos.
He sido y soy.
He trabado en fuertes palabras ese mi pensativo sentir,
que pudo haberse disipado en sola ternura.

BEINAHE JÜNGSTES GERICHT

Mein Straßen-Nichtstun
stürzt sich in das Vielerlei der Nacht.
Die Nacht ist ein langes und einsames Fest.
In einem geheimen Winkel meines Herzens rechtfertige
und lobe ich mich:
Ich habe die Welt bejaht, ich habe die Seltsamkeit der
Welt bekannt.
Ich habe das Ewige besungen:
den klaren, wiederkehrenden Mond und die Wangen,
begehrt von Lust.
Ich habe mit Versen die Stadt geheiligt, die mich um-
gürtet,
die Endlosigkeit der Vorstadt, die unbebauten Grund-
stücke.
Auf den Horizont der Straßen habe ich meine Psalmen
angestimmt und sie atmen den Duft der Weite.
Ich sagte: „Staunen des Lebens", wo andere nur sagten:
„Gewohnheit."
Meiner war nicht der Gesang der Lauen,
ich entzündete meine Stimme an Sonnenuntergängen,
an der Unbegrenztheit der Liebe und am
Schrecken des Todes.
Den Vorfahren meines Blutes und den Vorfahren
meines Geistes opferte ich mit Versen.
Ich war und ich bin.
Ich habe in starke Worte geformt dieses mein gedank-
liches Fühlen, das ich in bloßer Zärtlichkeit
hätte vergeuden können. –

El recuerdo de una antigua vileza vuelve a mi corazón.
Como el caballo muerto que la marea inflige a la playa,
vuelve a mi corazón.
Aún están a mi lado, sin embargo, las calles y la luna.
El agua sigúe siendo dulce en mi boca y las estrofas no
me niegan su gracia.
Siento el pavor de la belleza; ¿quién se atreverá a
condenarme si esta gran luna de mi soledad de
perdona?

Die Erinnerung an eine alte Schändlichkeit kehrt in mein
Herz zurück,
wie das tote Pferd, das die Flut auf den Strand wirft,
kehrt sie in mein Herz zurück.
Aber noch sind mir zur Seite die Straßen und der
Mond,
das Wasser ist weiter süß in meinem Mund und die
Strophen versagen mir nicht ihren Schwung.
Ich fühle den Schauder der Schönheit; wer wagt es,
mich zu verurteilen, wenn dieser große Mond
meiner Einsamkeit mir vergibt?

CASAS COMO ANGELES

Donde San Juan y Chacabuco se cruzan
vi las casas azules,
vi las casas que tienen colores de aventura.
Eran como banderas
y hondas como el naciente que suelta las afueras.
Las hay color de aurora y las hay color de alba;
su resplandor es una pasión ante la ochava
de la esquina cualquiera, turbia y desanimada.
Yo pienso en las mujeres
que buscarán el cielo de sus patios fervientes.
Pienso en los claros brazos que ilustrarán la tarde
y en el negror de trenzas: pienso en la dicha grave
    de mirarse en sus ojos hondos, como parrales.
Es una pena altiva
la que azula la esquina.
Empujaré la puerta cancel que es hierro y patio
y habrá una clara niña, ya mi novia, en la sala
y los dos callaremos, trémulos como llamas,
y la dicha presente se aquietará en pasada.

HÄUSER GLEICH ENGELN

Wo sich die Straßen San Juan und Chacabuco kreuzen,
sah ich die blauen Häuser,
sah ich die Häuser, die die Farben von Abenteuer haben.
Sie waren wie Fahnen
und tief wie der Sonnenaufgang, der das Draußen freigibt.
Es sind welche mit der Farbe der Morgenröte
und es sind welche mit der Farbe des Tagesanbruchs;
ihr Leuchten ist eine Leidenschaft auf dem Gehsteig
jeder beliebigen trüben und melancholischen Ecke.
Ich denke an die Frauen,
die den Himmel ihrer inbrünstigen Patios suchen,
ich denke an ihre klaren Arme, wie sie das Bild des Abends beleben,
an die schwarzen Zöpfe,
ich denke an das schwere Glück,
sich in ihren tiefen Augen, Weinlauben gleich,
zu spiegeln.
Es ist ein hoheitsvolles Weh,
das die Ecke blau malt.
Ich werde die schmiedeeiserne Gittertür des Patios
aufstoßen,
und ein reines Mädchen, schon meine Braut, wird in der Stube sein,
und wir beide werden schweigen, zitternd wie Flammen.
Und das Glück der Gegenwart wird sich in ein Glück der Vergangenheit beruhigen.

MI VIDA ENTERA

Aquí otra vez, los labios memorables, único y semejante
a vosotros.
Soy esa torpe intensidad que es un alma.
He persistido en la aproximación de la dicha y en la
privanza del dolor.
He atravesado el mar.
He practicado muchas tierras; he visto una mujer y dos
o tres hombres.
He querido a una niña altiva y blanca y de una
hispánica quietud.
He visto un arrabal infinito donde se cumple una
insaciada inmortalidad de ponientes.
He mirado unos campos donde la carne viva de una
guitarra fué dolorosa.
He paladeado numerosas palabras.
Creo profundamente que eso es todo y que ni veré ni
ejecutaré cosas nuevas.
Creo que mis jornadas y mis noches se igualan en
pobreza y en riqueza a las de Dios y a las
de todos los hombres.

MEIN GANZES LEBEN

Hier bin ich wieder, einmalig und doch euch gleich.
Ich bin jene unbeholfene Intensität, die eine Seele ist.
Ich habe immer das Glück gesucht und das Leid gemieden.
Ich habe das Meer überquert,
ich habe viele Länder bereist, ich habe eine Frau gesehen
und zwei oder drei Männer,
ich habe ein hoheitsvolles Mädchen geliebt, weiß und von
einer hispanischen Ruhe,
ich habe eine unendliche Vorstadt gesehen, wo sich die nie
gesättigte Unsterblichkeit der Sonnenuntergänge
erfüllte,
und Felder, wo das lebendige Fleisch einer Gitarre
schmerzhaft war.
Ich habe viele Wörter gekostet . . .
Ich glaube, daß dies alles ist und daß ich neue Sachen
weder sehen noch ausführen werde,
ich glaube, daß meine Tage und Nächte denen Gottes
gleich sind und denen aller Menschen.

VERSOS DE CATORCE

A mi ciudá de patios ahondados como cántaros
y de calles que surcan las leguas como un vuelo,
a mi ciudá de esquinas aureoladas de ocaso
y arrabales azules, hechos de firmamento.

A mi ciudá que se abre clara como una pampa,
yo volví de las tierras antiguas del naciente
y recobré sus casas y la luz de sus casas
y la luz esquinera que urgen sus almacenes

y supe en las orillas, del querer de una novia
y a punta de poniente desangré el pecho en salmos
y canté la tristona gustación de esa gloria
y el retazo de pampa colorada de un patio.

Dije las calesitas, noria de los domingos,
y el paredón que agrieta la sombra de un paraiso,
y el destino que acecha tácito, en el cuchillo,
y la noche olorosa como un mate curado.

Yo presentí la entraña de la voz *las orillas,*
palabra que en la tierra pone lo audaz del agua

VERSE AUS 1914
(Rückkehr aus Europa)

Zu meiner Stadt der Patios, tief wie Krüge,
und der Straßen, Meilen wie ein Flug durchschneidend,
zu meiner Stadt der Straßenecken, vergoldet von der
Abenddämmerung,
und der blauen Vorstädte, mit dem Firmament als
Hintergrund,

zu meiner Stadt, die sich weitet, klar wie eine Pampa,
kehrte ich zurück von Europas alter Erde,
und mein sind wieder die Häuser dieser Stadt
und das Licht ihrer Häuser
und jenes Licht an der Ecke, das aus dem Krämerladen
scheint.

Und mich ergriff an diesen Ufern die Liebe des
Bräutigams,
und ich vergoß mein Herzblut in Psalmen
und besang den wehmütigen Jubel dieser Seligkeit
und den Fetzen von Pampa, rot gleich den Fliesen eines
Patios.

Und ich sprach: dies Karussell, Tretmühle des Sonntags,
die Mauer, quer durch ein Paradies,
das Schicksal, stumm lauernd im Messer,
die Nacht, duftend wie ein „Mate curado".

Mir erschloß sich das Wort: Ufer,
ein Wort, das der Gewässer Kühnheit aufs Festland
hinüberzieht,

y que da a las afueras su aventura infinita
y a los vagos campitos un sentido de playa.

Así voy devolviéndole a Dios unos centavos
del caudal infinito que me pone en las manos.

aufprägend dem Umkreis ihr unendliches Abenteuer
und unseren weiten Feldern einen Sinn von Meeresstrand.

So will ich Gott einige Centavos rückerstatten
vom unendlichen Gut, mir in die Hände gelegt.

LA FUNDACION MITOLOGICA DE BUENOS AIRES

¿Y fué por este río de sueñera y de barro
que las proas vinieron a fundarme la patria?
Irían a los tumbos los barquitos pintados
entre los camalotes de la corriente zaina.

Pensando bien la cosa supondremos que el río
era azulejo entonces como oriundo del cielo
con su estrellita roja para marcar el sitio
en que ayunó Juan Díaz y los indios comieron.

Lo cierto es que mil hombres y otros mil arribaron
por un mar que tenía cinco lunas de anchura
y aun estaba repleto de sirenas y endriagos
y de piedras imanes que enloquecen la brújula.

Prendieron unos ranchos trémulos en la costa,
durmieron extrañados. Dicen que en el Riachuelo
pero son embelecos fraguados en la Boca.
Fué una manzana entera y en mi barrio: en Palermo.

DIE MYTHOLOGISCHE GRÜNDUNG VON BUENOS AIRES

Und war es auf diesem Fluß der Träume und des
Schlammes,
daß die Barken kamen, um das Vaterland zu gründen?
Gingen sie auf Grund, die bemalten Schifflein,
in den Fängen der hinterhältigen Strömung?

Wenn wir uns die Sache gut überlegen, werden wir
annehmen,
daß der Fluß damals blau war, wie dem Himmel
entsprungen,
mit einem roten Sternchen, um den Platz zu bezeichnen,
wo Juan Diaz hungerte und die Rothäute aßen.

Eines aber steht fest, daß tausend und abertausend
Menschen landeten
aus einer See, die fünf Monde in der Weite hatte
und noch voll war von Sirenen und Drachen
und magnetischen Steinen, die den Kompaß verrückt
machten.

Sie besetzten einige wacklige Ranchos an der Küste,
sie schliefen, erstaunt und fremd. Man sagt, es war in
Riachuelo,
aber das ist ein Schwindel, den sie in der Boca ausgeheckt
haben.
Es war eine ganze „Manzana" und in meinem Bezirk:
in Palermo.

Una manzana entera pero en mitá del campo
presenciada de auroras y lluvias y suestadas.
La manzana pareja que persiste en mi barrio:
Guatemala, Serrano, Paraguay, Gurruchaga.

Un almacén rosado como revés de naipe
brilló y en la trastienda conversaron un truco;
el almacén rosado floreció en un compadre
ya patrón de la esquina, ya resentido y duro.

El primer organito salvaba el horizonte
con su achacoso porte, su habanera y su gringo.
El corralón seguro ya opinaba: Yrigoyen,
algún piano mandaba tangos de Saborido.

Una cigarrería sahumó como una rosa
el desierto. La tarde se había ahondado en ayeres,
los hombres compartieron un pasado ilusorio.
Sólo faltó una cosa: la vereda de enfrente.

A mí se me hace cuento que empezó Buenos Aires:
La juzgo tan eterna como el agua y el aire.

Eine ganze „Manzana“! Aber mitten auf dem Lande,
begleitet von Morgenröten, Regen und Südweststürmen,
die gleiche „Manzana“, die heute noch in meinem Bezirk
existiert:
Guatemala, Serrano, Paraguay, Gurruchaga.

Ein Krämerladen, rosarot, wie die Rückseite einer
Spielkarte,
prangte und im Hinterzimmer unterhielten sie sich
beim „Truco“.
Der Krämerladen florierte unter einem Gevatter vom
Grund,
schon Herr der Straßenecke und schon verbittert und hart.

Das erste Werkel rettete den Horizont
mit seinem armseligen Geleier, mit seiner „Habanera“
und seinem „Gringo“.
Der Wirtschaftshof, selbstsicher, hatte schon seine
Meinung: „Irigoyen.“
Ein Piano sandte Tangos von Saborido.

Der Tabakladen verbreitete wie eine Rose seinen Duft
in die Einöde. Der Abend hatte sich in Gestriges vertieft,
und die Menschen nahmen teil an der Illusion einer
Vergangenheit.
Es fehlte nur noch eine Sache: das Trottoir von vis-a-vis.

Mir kann man lange erzählen, daß Buenos Aires einmal
begann,
für mich ist die Stadt so ewig wie das Wasser und die Luft.

ELEGÍA DE LOS PORTONES

Ésta es una elegía
de cuando los portones de Palermo hacían sombra
y el sur era de carros y el norte era de quintas.
Esta es una elegía
que se acuerda de un largo resplandor agachado
que los atardeceres daban a los baldíos.
(En los pasajes mismos había cielo bastante
para toda una dicha
y las tapias tenían el color de las tardes.)
Ésta es una elegía
de un Palermo pintado con vaivén de recuerdo
y que se va en la muerte chica de los olvidos.

Muchachas comentadas por un vals de organito
o por los mayorales de corneta fiestera
de los 64,
sabían en las puertas la gracia de su espera.

Había huecos de tunas
y la finalidad del Maldonado
—jirones de agua pobre en la sequía—
y veredas de guapos en que flameaba el corte
más acá del Pacífico,
y una frontera humosa de silbidos.

ELEGIE DER TORWEGE

Dies ist eine Elegie
der Zeit, da die Torwege von Palermo Schatten spendeten
und der Süden den Karren gehörte und der Norden den
Gärten.

Dies ist eine Elegie,
die sich an den langen geduckten Glanz erinnert,
den die Abende den unbebauten Flächen gaben.
(Aber selbst in den Durchgängen war genug Himmel
für ein ganzes Glück
und die Mauern aus Lehm hatten die Farbe der Abende.)
Dies ist eine Elegie
eines Palermos,
gemalt in einem Kommen und Gehen der Erinnerung,
entschwunden im kleinen Tod des Vergessens.

Die Mädchen in den Türen –
ihnen galt der Walzer des Leierkastens
oder das festliche Horn des Musikfeldwebels
der 64er –
die Mädchen in den Türen,
sie wußten um die Anmut des Wartens.

Es gab Zwischenräume mit Kakteen
und als Abgrenzung den Lauf des Maldonados
– Fetzen armseligen Wassers in der Trockenheit –
und Gehsteige, auf denen die Großtuerei der Burschen
prangte
diesseits der Pazifik-Eisenbahn,
einer Grenze von Rauch und Pfiffen.

(La frontera del sur era de callejones,
pero de noche, de ladridos en pena.)

Había cosas felices,
cosas que sólo fueron para alegrar el alma:
el arriate del patio
y el andar hamacado del compadre.

Palermo desganado, vos tenías
un alegrón de tangos para hacerte valiente
y una baraja criolla para tapar la vida
y unas albas eternas para saber la muerte.

El día era más largo en tus veredas
que en las calles del Centro,
porque en tus huecos hondos se aquerenciaba el cielo.
Los carros de costado sentencioso
franqueaban tu mañana
y eran en las esquinas tiernos los almacenes
como esperando un ángel.

Las noticias de amor de las guitarras
no se perdían entre las esquinas rosadas,
porque las noches eran calmas.

Yo digo que así fuiste en un día del tiempo.

Desde mi calle de altos (es cosa de una legua)
voy a buscar recuerdos a tus calles nocheras.

(Die Grenze im Süden war ein Gewirr von engen Gassen,
aber des Nachts war sie ein Hundegebell wie in Pein.)

Es gab glückliche Dinge,
die nur waren, um die Seele zu erfreuen:
das Blumenbeet des Patios
und der Hängemattengang des Gevatters.

Apathisches Palermo, du hattest
das Feuer der Tangos, um dich mutig zu machen,
und eine kreolische Spielkarte, um das Leben zuzudecken,
und ewige Morgendämmerungen, um vom Tode zu
wissen.

Der Tag war länger auf deinen Gehsteigen
als in den Straßen des Zentrums,
denn deine tiefen Nischen waren der Lieblingsaufenthalt
des Himmels.
Die Karren, die der Fuhrmann – daneben hergehend –
antrieb,
durchquerten deinen Morgen
und zart waren an den Straßenecken die Kaufmannsläden
wie im Erwarten eines Engels.
Die Liebesbotschaften der Gitarren
verloren sich nicht zwischen den rosaroten Straßenecken,
denn die Nächte waren ruhig.

Ich sage, daß du einmal so warst, in der Zeit.

Von meiner Straße in der Höhe gehe ich
wohl eine Meile weit und mehr
Erinnerungen an deine nächtlichen Straßen suchen.

Mi silbido de pobre continuará en los sueños
de las vidas que duermen.

Mi vagancia es la eterna gustación de tus calles
y esa higuera que asoma sobre una parecita
se lleva bien con mi alma
y es más grato el rosado firme de tus esquinas
que el de las nubes blandas
y el cielo amanzanado de tus orillas guarda
mejor paz que el del campo.

Ich pfeife wie die armen Leute eine Melodie vor mich hin
und mein Pfeifen setzt sich fort
im Traumleben der Schlafenden.

Mein Flanieren gilt dem ewigen Genuß deiner Straßen;
und dieser Feigenbaum, der über eine kleine Mauer
schaut,
verträgt sich gut mit meiner Seele,
und das starre Rosa deiner Ecken ist gefälliger
als das Rosa der weichen Wolken;
und der gezähmte Himmel deiner Ufer hält
besser Frieden als der Himmel des offenen Feldes.

BARRIO NORTE

Esta declaración es la de un secreto
que está vedado por la inutilidad y el descuido,
secreto sin misterio ni juramento
que sólo por la indiferencia lo es:
hábitos de hombres y de anocheceres lo tienen,
lo preserva el olvido, que es el modo más pobre
del misterio.

Alguna vez era una amistad este barrio,
un argumento de injusticias y afectos, como las otras
cosas de amor;
apenas si persiste esa fe
en unos hechos distanciados que morirán:
en la antigua milonga que de las Cinco Esquinas se
acuerda,
en el patio como una firme rosa bajo las paredes
crecientes,
en el despintado letrero que dice todavía *La Flor del
Norte,*
en los varones de guitarra y de envido del almacén,
en el recuerdo estacionario del ciego.

Ese disperso amor es nuestro desanimado secreto.

Una cosa invisible está pereciendo del mundo,
un amor no más ancho que una música.

BEZIRK DES NORDENS

Dies ist die Mitteilung eines Geheimnisses,
das verborgen bleibt durch seine Nutzlosigkeit,
Geheimnis ohne Mysterium und Schwur,
das nur Geheimnis ist durch Nachlässigkeit.
Der Anbruch der Nacht und die Gewohnheiten der
Menschen
lassen es ahnen,
das Vergessen, diese ärmlichste Art des Mysteriums,
bewahrt es.

Einmal war er eine Freundschaft, dieser Bezirk,
ein Argument von Ungerechtigkeiten und Affekten, wie
alles andere in der Liebe.
Kaum, daß dieser Glaube fortbesteht
in einigen entlegenen Dingen, die auch sterben werden:
in der altmodischen Milonga, die sich an die „Cinco
Esquinas" erinnert,
im Patio unter ragenden Mauern, einer frischen Rose
gleich,
in der verwitterten Aufschrift, die noch immer sagt:
„Die Blume des Nordens",
in den Burschen des Kaufmannsladens
mit der Gitarre und ihrem Kartenspiel,
in der unveränderlichen Erinnerung des Blinden.

Diese verstreute Liebe ist unser wehmütiges Geheimnis.

Etwas Unsichtbares verschwindet aus der Welt,
eine Liebe, nicht greifbarer als Musik.

Se nos aparta el barrio,
los balconcitos retacones de mármol no nos enfrentan
cielo.
Nuestro cariño se acobarda en desganos,
la estrella de aire de las Cinco Esquinas es otra.

Pero sin ruido y siempre,
en cosas incomunicadas, perdidas, como lo están siempre
las cosas,
en el gomero con su veteado cielo de sombra,
en la bacía que recoge el primer sol y el último,
perdura ese hecho servicial y amistoso,
esa lealtad oscura que mi palabra está divulgando:
el barrio.

Uns stirbt der Bezirk;
die kleinen Rundbalkone aus Marmor sind unseren
Blicken kein Halt mehr gegen den Himmel.
Unsere Liebe verzagt in Enttäuschung,
der Stern in der Luft der „Cinco Esquinas" ist ein
anderer.

Aber ohne Lärm und immerfort
in Dingen, verschwiegen und verloren, wie es die Dinge
sind,
im Gummibaum mit seinem gemaserten Himmel von
Schatten,
in des Friseurladens Messingschild, der die erste Sonne
auffängt und die letzte,
lebt noch dies gutherzige und freundschaftliche Etwas,
diese verborgene Treue,
die mein Wort verkündet:
der Bezirk.

INSOMNIO

De fierro,
de encorvados tirantes de enorme fierro tiene que ser la noche,
para que no la revienten y la desfonden
las muchas cosas que mis abarrotados ojos han visto,
las duras cosas que insoportablemente la pueblan.

Mi cuerpo ha fatigado los niveles, las temperaturas, las luces:
en vagones de largo ferrocarril,
en un banquete de hombres que se aborrecen,
en el filo mellado de los suburbios,
en una quinta calurosa de estatuas húmedas,
en la noche repleta donde abundan el caballo y el hombre

El universo de esta noche tiene la vastedad
del olvido y la precisión de la fiebre.

En vano quiero distraerme del cuerpo
y del desvelo de un espejo incesante
que lo prodiga y que lo acecha
y de la casa que repite sus patios
y del mundo que sigue hasta un despedazado arrabal
de callejones donde el viento se cansa y de barro torpe.

SCHLAFLOSIGKEIT

Von Eisen,
von gebogenen Traversen enormen Eisens muß die Nacht
sein,
wenn nicht die vielen Dinge sie zerbersten und
zerschmelzen sollen,
die meine vollgestauten Augen gesehen haben,
die harten Dinge, die sie unerträglich bevölkern.

Mein Leib hat die Höhen abgehetzt, die Temperaturen,
die Lichter,
in den Eisenbahnwagen endloser Züge,
bei einem Bankett von Menschen, die einander hassen,
am süßen Rande der Vorstädte,
in einem heißen Villengarten mit feuchten Statuen,
in der übervollen Nacht, wo Pferd und Mensch zu viel
sind.

Das Universum dieser Nacht hat die Weite
des Vergessens und die Präzision des Fiebers.

Umsonst versuche ich, mich vom Körper loszudenken,
und vom Wachen eines unaufhörlichen Spiegels,
der diesen Körper verschwendet und belauert,
und vom Hause, das die Patios wiederholt,
und von der Welt, die weitergeht bis zu einem zerrissenen
Vorort,
von Gäßchen, wo der Wind ermüdet, und
vom Kot ungefegter Straßen.

En vano espero
las desintegraciones y los símbolos que preceden al
sueño.

Sigue la historia universal:
los rumbos minuciosos de la muerte en las caries
dentales,
la circulación de mi sangre y de los planetas.

(He odiado el agua crapulosa de un charco,
he aborrecido en el atardecer el canto del pájaro.)

Las fatigadas leguas incesantes del suburbio del Sur,
leguas de pampa basurera y obscena, leguas de
execración,
no se quieren ir del recuerdo.

Lotes anegadizos, ranchos en montón como perros,
charcos de plata fétida:
soy el aborrecible centinela de esas colocaciones
inmóviles.

Alambre, terraplenes, papeles muertos, sobras de
Buenos Aires.

Creo esta noche en la terrible inmortalidad:
ningún hombre ha muerto en el tiempo, ninguna mujer,
ningún muerto,
porque esta inevitable realidad de fierro y de barro
tiene que atravesar la indiferencia de cuantos estén
dormidos o muertos

Umsonst warte ich auf den Zerfall und die Symbole,
die den Schlaf ankündigen,

das Weltgeschehen geht weiter:
der minutiöse Weg des Sterbens in den kariösen Zähnen,
der Kreislauf meines Blutes und der Planeten.

(Ich habe das überquellende Wasser einer Pfütze gehaßt
und den Gesang des Vogels, als es Abend wurde,
verflucht.)

Die ermüdeten, endlosen Meilen der Vorstadt des Südens,
Meilen von schmutziger und obszöner Pampa, Meilen des
Ekels,
wollen mir nicht aus dem Sinn.
Überflutete Grundstücke, Ranchos in Haufen, wie Hunde,
Pfützen von stinkendem Silber:
ich bin die verhaßte Schildwache dieser unbeweglichen
Örtlichkeiten;

Drahtstücke, Erdaufschüttungen, Papierfetzen, Müll von
Buenos Aires.

In dieser Nacht glaube ich an die fürchterliche
Unsterblichkeit:
kein Mann ist in der Zeit gestorben, keine Frau, kein
Toter,
denn notgedrungen muß diese unausweichliche Realität
von Eisen und Kot die Gleichgültigkeit all derer
durchstoßen,
die schlafen oder tot sind.

—aunque se oculten en la corrupción y en los siglos—
y condenarlos a vigilia espantosa.

Toscas nubes color borra de vino infamarán el cielo;
amanecerá en mis párpados apretados.

– wenn sie sich auch in der Verwesung und den
Jahrhunderten verstecken –
und sie zu einer entsetzlichen Nachtwache verurteilen.

Wolkenfetzen mit der Farbe des Weinsatzes werden den
Himmel verunglimpfen,
und es wird Tag werden in meinen zusammengepreßten
Augenlidern.

LA NOCHE CÍCLICA

Lo supieron los arduos alumnos de Pitágoras:
Los astros y los hombres vuelven cíclicamente;
Los átomos fatales repetirán la urgente
Afrodita de oro, los tebanos, las ágoras.

En edades futuras oprimirá el centauro
Con el casco solípedo el pecho del lapita;
Cuando Roma sea polvo, gemirá en la infinita
Noche de su palacio fétido el minotauro.

Volverá toda noche de insomnio: minuciosa.
La mano que esto escribe renacerá del mismo
Vientre. Férreos ejércitos construirán el abismo.
(El filólogo Nietzsche dijo la misma cosa.)

No sé volveremos en un ciclo segundo
Como vuelven las cifras de una fracción periódica;
Pero sé que una oscura rotación pitagórica
Noche a noche me deja en un lugar del mundo

Que es de los arrabales. Una esquina remota
Que puede ser del norte, del sur o del oeste,
Pero que tiene siempre una tapia celeste,
Una higuera sombría y una vereda rota.

ZYKLISCHE NACHT

In Zyklen werden Stern und Mensch zu neuem Sein
geboren:
Pythagoras hielt die Erkenntnis schon für wahr.
Atome wiederholen Aphroditens goldenes Haar
und, schicksalsschwer, die kundigen Thebaner und Agoren.

In künftigen Zeiten wird ein mythischer Kentaur
zertreten des Lapithen Brust mit seinem Huf.
Wenn längst zu Staub geworden Rom, seufzt seinen
ewigen Ruf
aus seinem stinkenden Palast der Minotaur.

Auch meine Nacht wird wiederkehren, schlaflos und
geplagt,
die Hand, die dies Gedicht jetzt schreibt, wird unter
Wehen
dem gleichen Leib entsprießen. Und es werden die
Armeen
den Abgrund zimmern uns. (Schon Nietzsche hat dies
einst gesagt.)

Ob unsere Wiederkehr in einen zweiten Zyklus fällt,
um periodischen Bruches Ziffern gleichsam zu vermehren?
Die dunkle Rotation pythagoreischer Lehren
läßt Nacht für Nacht in einem Winkel mich der Welt,

an einer Vorstadtstraßenecke, die schon war,
sie mag im Norden, Süden oder Westen sein,
doch immer seh ich einer blauen Mauer Schein,
den dunklen Feigenbaum und das zerbrochene Trottoir.

Ahí está Buenos Aires. El tiempo que a los hom-
bres
Trae el amor o el oro, a mí apenas me deja
Esta rosa apagada, esta vana madeja
De calles que repiten los pretéritos nombres

De mi sangre: Laprida, Cabrera, Soler, Suárez . . .
Nombres en que retumban (y secretas) las dianas,
Las repúblicas, los caballos y las mañanas,
Las felices victorias, las muertes militares.

Las plazas agravadas por la noche sin dueño
Son los patios profundos de un árido palacio
Y las calles unánimes que engendran el espacio
Son corredores de vago miedo y de sueño.

Vuelve la noche cóncava que descifró Anaxágoras;
Vuelve a mi carne humana la eternidad constante
Y el recuerdo ¿el proyecto? de un poema ince-
sante:
"Los supieron los arduos alumnos de Pitágoras . . ."

Dies ist Buenos Aires. Den anderen, die es wagen,
bringt Gold die Zeit und Liebe. Indessen läßt sie mir
erloschene Rose nur und nichtiges Gewirr
der Straßen, die vergangene Namen tragen

von meinem Blut: Laprida, Cabrera, Suarez, Solér . . .
In ihnen widerhallen, leise und verborgen,
Reveillen, Republiken, Pferde und die Morgen,
das Glück des Sieges und der Tod beim Militär.

Die Plätze, nächtlich schwer und herrenlos, sie sind
des Schlosses tiefe Patios in einem dunklen Traum,
die Straßen aber, die vereint gezeugt den Raum,
sind Makler nur von Angst und von Vision und Wind.

Die Nacht kehrt wieder, die einst Anaxagoras
entziffert, es kehren in mein Fleisch die ewigen Brände . .
Und das Projekt eines Gedichtes ohne Ende? :
„Für wahr hielt die Erkenntnis schon Pythagoras."

POEMA CONJETURAL

El doctor Francisco Laprida asesinado el dia 22 de septiembre de 1829 por los montoneros de Aldao, piensa antes de morir:

Zumban las balas en la tarde última.
Hay viento y hay cenizas en el viento,
se dispersan el día y la batalla
deforme, y la victoria es de los otros.
Vencen los bárbaros, los gauchos vencen.
Yo, que estudié las leyes y los cánones,
yo, Francisco Narciso de Laprida,
cuya voz declaró la independencia
de estas crueles provincias, derrotado,
de sangre y de sudor manchado el rostro,
sin esperanza ni temor, perdido,
huyo hacia el Sur por arrabales últimos.
Como aquel capitán del Purgatorio
que, huyendo a pie y ensangrentando el llano,
fué cegado y tumbado por la muerte
donde un oscuro río pierde el nombre,
así habré de caer. Hoy es el término.
La noche lateral de los pantanos
me acecha y me demora. Oigo los cascos
de mi caliente muerte que me busca

HYPOTHETISCHES GEDICHT

(Dr. Francisco Laprida, der am 22. September 1829 von den Reitern Aldaos ermordet wurde, vor seinem Sterben:)

Es pfeifen die Kugeln an meinem letzten Abend
es geht der Wind und es ist Asche im Wind,
es zerstiebt der Tag und mit ihm die formlose Schlacht
und der Sieg ist den andern.
Es siegen die Barbaren,
die Gauchos siegen.
Ich, der ich die Gesetze studierte und das kanonische
Recht,
ich, Francisco Narciso de Laprida,
dessen Stimme die Unabhängigkeit verkündete
dieser grausamen Provinzen:
besiegt,
das Antlitz von Blut und Schweiß entstellt,
ohne Hoffnung oder Furcht,
verloren,
flüchte nach dem Süden durch letzte Vororte.
Wie jener Hauptmann des Fegefeuers,
als er zu Fuß flüchtete und die Ebene mit seinem Blut
tränkte,
geblendet und niedergehauen vom Tode,
dort, wo ein dunkler Fluß seinen Namen verliert:
so muß ich fallen. Heute ist das Ende.
Die seitliche Nacht der Sümpfe lauert mir auf und hemmt
meine Flucht.
Ich höre die Hufe
meines heißen Todes, der mich sucht

con jinetes, con belfos y con lanzas.
Yo que anhelé ser otro, ser un hombre
de sentencias, de libros, de dictámenes,
a cielo abierto yaceré entre ciénagas;
pero me endiosa el pecho inexplicable
un júbilo secreto. Al fin me encuentro
con mi destino sudamericano.
A esta ruinosa tarde me llevaba
el laberinto múltiple de pasos
que mis días tejieron desde un día
de la niñez. Al fin he descubierto
la recóndita clave de mis años,
la suerte de Francisco de Laprida,
la letra que faltaba, la perfecta
forma que supo Dios desde el principio.
En el espejo de esta noche alcanzo
mi insospechado rostro eterno. El círculo
se va a cerrar. Yo aguardo que así sea.
Pisan mis pies la sombra de las lanzas
que me buscan. Las befas de mi muerte,
los jinetes, las crines, los caballos,
se ciernen sobre mí . . . Ya el primer golpe,
ya el duro hierro que me raja el pecho,
el íntimo cuchillo en la garganta.

mit Reitern, geifernden Lippen und Lanzen.
Ich, der strebte, ein anderer zu sein,
ein Mann der Sprüche, der Bücher, der Meinungen,
werde unter freiem Himmel zwischen Sümpfen liegen.
Aber mir verklärt die Brust seltsam
ein heimlicher Jubel. Endlich
begegne ich meinem südamerikanischen Schicksal.
In diesen verderblichen Abend führte mich
ein wirres Labyrinth von Schritten,
das meine Tage webten seit einem Tage
der Kindheit. Endlich habe ich den versteckten Schlüssel
meiner Jahre entdeckt,
das Schicksal von Francisco de Laprida
den Buchstaben, der fehlte, die vollendete
Form, die Gott von Anbeginn wußte.
Im Spiegel dieser Nacht finde ich unvermutet
mein ewiges Antlitz. Der Kreis
schließt sich. Ich harre, daß es so sei.
Es treten meine Füße den Schatten der Lanzen,
die mich suchen. Der Spott meines Todes,
die Reiter, die Mähnen, die Pferde,
sie schweben über mir . . . Jetzt der erste Hieb,
jetzt das harte Eisen, das mir die Brust aufreißt,
und jetzt das vertraute Messer in die Kehle!

DEL INFIERNO Y DEL CIELO

El Infierno de Dios no necesita
el esplendor del fuego. Cuando el Juicio
Universal retumbe en las trompetas
y la tierra publique sus entrañas
y resurjan del polvo las naciones
para acatar la Boca inapelable,
los ojos no verán los nueve círculos
de la montaña inversa; ni la pálida
pradera de perennes asfodelos
donde la sombra del arquero sigue
la sombra de la corza, eternamente;
ni la loba de fuego que en el ínfimo
piso de los infiernos musulmanes
es anterior a Adán y a los castigos;
ni violentos metales, ni siquiera
la visible tiniebla de Juan Milton.
No oprimirá un odiado laberinto
de triple hierro y fuego doloroso
las atónitas almas de los réprobos.
Tampoco el fondo de los años guarda
un remoto jardín. Dios no requiere
para alegrar los méritos del justo,
orbes de luz, concéntricas teorías
de tronos, protestades, querubines,
ni el espejo ilusorio de la música
ni las profundidades de la rosa
ni el esplendor aciago de uno solo
de sus tigres, ni la delicadeza
de un ocaso amarillo en el desierto

VON DER HÖLLE UND VOM HIMMEL

Die Hölle Gottes braucht nicht
das Lodern des Feuers. Wenn das Jüngste
Gericht widerhallt in den Trompeten
und die Erde ihre Eingeweide öffnet
und auferstehen vom Staub die Nationen,
um Rede zu stehen dem inappelablen Mund,
werden die Augen nicht die neun Kreise
des umgekehrten Berges sehen, noch die bleiche
Wiese der unvergänglichen Asphodelen,
wo der Schatten des Bogenschützen ewig
dem Schatten der Hirschkuh folgt,
noch die Wölfin des Feuers, die im untersten
Stockwerk der muselmanischen Höllen
vor Adam war und dem Sündenfall,
auch nicht die heftigen Metalle, ja nicht einmal
den sichtbaren Nebel des John Milton.
Noch wird ein verhaßtes Labyrinth
von dreifachem Eisen und schmerzhaftem Feuer
die bestürzten Seelen der Verdammten
bedrängen.
Auch bewahrt die Tiefe der Jahre
keinen fernen Garten, Gott braucht nicht,
um die Verdienste des Gerechten zu belohnen,
Welten von Licht, konzentrische Theorien
von Thronen, Bekenntnissen, Cherubinen,
auch nicht den illusorischen Spiegel der Musik,
noch die Tiefen der Rose,
noch den unheilvollen Glanz eines einzigen
seiner Tiger, noch die Zartheit
eines gelben Sonnenuntergangs in der Wüste,

ni el antiguo, natal sabor del agua.
En su misericordia no hay jardines
ni luz de una esperanza o de un recuerdo.

En el cristal de un sueño he vislumbrado
el Cielo y el Infierno prometidos:
cuando el Juicio retumbe en las trompetas
los colores líneas del pasado
sea obliterado y bruscamente cesen
!oh Tiempo! tus efimeras pirámides,
últimas y el planeta milenario
definirán en la tiniebla un rostro
durmiente, inmóvil, fiel, inalterable
(tal vez el de la amada, quizá el tuyo)
y la contemplación de ese inmediato
rostro incesante, intacto, incorruptible,
será para los réprobos, Infierno;
para los elegidos, Paraíso.

noch den alten, natürlichen Geschmack des Wassers.
In seinem Erbarmen sind nicht Gärten
und ist nicht das Licht einer Hoffnung oder einer
Erinnerung.

Im Kristall eines Traumes habe ich
Himmel und Hölle gesehen, wie sie uns versprochen
sind:
wenn das Gericht in den letzten Trompeten widerhallt
und der tausendjährige Planet ausgestrichen sein wird
und plötzlich verschwinden werden,
o Zeit, deine ephemeren Pyramiden,
dann werden die Farben und Linien der Vergangenheit
im Nebel ein Gesicht abzeichnen,
schlafend, unbeweglich, treu, unveränderlich,
(vielleicht der Geliebten, vielleicht das deine),
und die Betrachtung dieses unmittelbaren,
unaufhörlichen, unberührten, unbestechlichen Antlitzes
wird für die Verdammten sein: die Hölle,
und für die Erwählten: das Paradies.

A UN POETA MENOR
DE LA ANTOLOGÍA

¿Dónde está la memoria de los días
que fueron tuyos en la tierra, y tejieron
dicha y dolor y fueron para ti el universo?

El río numerable de los años
los ha perdido; eres una palabra en un índice.

Dieron a otros gloria interminable los dioses,
inscripciones y exergos y monumentos y puntuales
historiadores;
de ti sólo sabemos, oscuro amigo,
que oíste al ruiseñor, una tarde.

Entre los asfodelos de la sombra, tu vana sombra
pensará que los dioses han sido avaros.

Pero los días son una red de triviales miserias,
y habrá suerte mejor que ser la ceniza de que está
hecho el olvido?
Sobre otros arrojaron los dioses la inexorable luz
de la gloria, que mira las entrañas y enumera las
grietas,
de la gloria, que acaba por ajar la rosa que venera;
contigo fueron más piadosos, hermano.

En el éxtasis de un atardecer que no será una noche,
oyes la voz del ruiseñor de Teócrito.

AN EINEN POETA MINOR DER ANTHOLOGIE

Wo ist die Erinnerung der Tage,
die dein waren auf dieser Erde und
Glück und Leid webten und dir das Universum waren?

Der zählbare Fluß der Jahre
hat sie zunichte gemacht:
du bist ein Wort in einem Inhaltsverzeichnis.

Anderen gaben unendlichen Ruhm die Götter,
Inschriften und Kommentare und Monumente und
gewissenhafte Biographen,
von dir, o unbekannter Freund, wissen wir nur,
daß du die Nachtigall gehört hast, eines Abends.

Zwischen den Asphodelen des Schattens
denkt dein eitler Schatten,
daß die Götter geizig gewesen sind.

Aber die Tage sind ein Netz trivialer Nöte;
und gibt es ein größeres Glück, als die Asche zu sein
des Vergessens?
Auf andere schleuderten die Götter das unerbittliche Licht
des Ruhms,
der die Eingeweide bloßlegt und die Risse zählt
und der damit endet,
die Rose zu zerpflücken, die er anbetet.
Mit dir waren sie mitleidiger, o Bruder:

in dem Überschwang einer Dämmerstunde, die keine
Nacht hat,
hörst du die Nachtigall des Theokrit.

UNA BRUJULA

Todas las cosas son palabras del
Idioma en que Alguien o Algo, noche y día,
Escribe esa infinita algarabía
Que es la historia del mundo. En su tropel

Pasan Cartago y Roma, yo, tú, él,
Mi vida que no entiendo, esta agonía
De ser enigma, azar, criptografía
Y toda la discordia de Babel.

Detrás del nombre hay lo que no se nombra;
Hoy he sentido gravitar su sombra
En esta aguja azul, lúcida y leve,

Que hacia el confín de un mar tiende su empeño,
Con algo de reloj visto en un sueño
Y algo de ave dormida que se mueve.

EIN KOMPASS

Alle Dinge sind Worte des
Idioms, in dem irgendwer oder irgend etwas, Nacht und
Tag,
jenes unendliche Kauderwelsch schreibt,
das die Geschichte der Welt ist. In seinem Gemenge

ziehen vorbei Karthago und Rom, ich, du, er,
mein Leben, das ich nicht begreife, und diese Agonie,
Rätsel, Zufall, Geheimschrift zu sein
und alle Zwietracht von Babel.

Hinter dem Namen ist, was sich nicht benennt.
Heute habe ich diesen Schatten lasten gefühlt
auf der blauen, glänzenden, leichten Nadel,

die ihr Sehnen bis zu den Grenzen eines Meeres ausdehnt
und etwas von einer Uhr hat, geschaut in einem Traum,
und etwas von einem schlafenden Vogel, der sich bewegt.

UNA LLAVE EN SALONICA

Abarbanel, Farías o Pinedo,
Arrojados de España por impía
Persecución, conservan todavía
La llave de una casa de Toledo.

Libres ahora de esperanza y miedo,
Miran la llave al declinar el día;
En el bronce hay ayeres, lejanía,
Cansado brillo y sufrimiento quedo.

Hoy que su puerta es polvo, el instrumento
Es cifra de la diáspora y del viento,
Afín a esa otra llave del santuario

Que alguien lanzó al azul, cuando el romano
Acometió con fuego temerario,
Y que en el cielo recibió una mano.

EIN SCHLÜSSEL IN SALONIKI

Abarbanel, Farias oder Pinedo,
vertrieben aus Spanien durch gottlose
Verfolgung, bewahren immer noch
den Schlüssel eines Hauses von Toledo.

Frei nunmehr von Hoffnung und Furcht,
betrachten sie den Schlüssel bei Tagesausklang.
In seiner Bronze ist das Gestern, die Ferne,
ermüdeter Glanz und stilles Leiden.

Heute, wo seine Türe Staub ist,
wird das Instrument zur Chiffre der Diaspora und des Windes,
gleich jenem anderen Schlüssel des Heiligtums,

den, als der Römer mit verwegenem Feuer angriff,
jemand ins Blaue warf, und den
im Himmel eine Hand auffing.

UN POETA DEL SIGLO XIII

Vuelve a mirar los arduos borradores
De aquel primer soneto innominado,
La página arbitraria en que ha mezclado
Tercetos y cuartetos pecadores.

Lima con lenta pluma sus rigores
Y se detiene. Acaso le ha llegado
Del porvenir y de su horror sagrado
Un rumor de remotos ruiseñores.

¿Habrá sentido que no estaba solo
Y que el arcano, el increíble Apolo
Le había revelado un arquetipo,

Un ávido cristal que apresaría
Cuanto la noche cierra o abre el día:
Dédalo, laberinto, enigma, Edipo?

EIN DICHTER DES 13. JAHRHUNDERTS

Aufs neue betrachtet er die mühseligen Entwürfe
jenes ersten Sonetts ohne Titel,
die willkürliche Seite, auf der er
sündhafte Drei- und Vierzeiler vermengt hat,

er feilt mit langsamer Feder die Härten
und hält inne. Vielleicht ist zu ihm
aus der Zukunft und ihrem heiligen Schaudern
ein Laut ferner Nachtigallen gedrungen.

Hat er gefühlt, daß er nicht allein ist
und daß der verborgene, der unvorstellbare Apoll
ihm ein Urbild offenbart hat,

einen unersättlichen Spiegel, der an sich reißen würde,
was die Nacht einschließt oder der Tag aufdeckt:
Dädalus, Labyrinth, Rätsel, Ödipus?

UN SOLDADO DE URBINA

Sospechándose indigno de otra hazaña
Como aquella en el mar, este soldado,
A sórdidos oficios resignado,
Erraba oscuro por su dura España.

Para borrar o mitigar la saña
De lo real, buscaba lo soñado
Y le dieron un mágico pasado
Los ciclos de Rolando y de Bretaña.

Contemplaría, hundido el sol, el ancho
Campo en que dura un resplandor de cobre;
Se creía acabado, solo y pobre,

Sin saber de qué musica era dueño;
Atravesando el fondo de algún sueño,
Por él ya andaban Don Quijote y Sancho.

EIN SOLDAT URBINAS

Fühlend, daß er zu neuem Unternehmen gleich jenem auf dem Meere
nicht mehr fähig war, hatte dieser Soldat
mit niedrigen Diensten vorlieb genommen,
und irrte, ein Unbekannter, durch das harte Spanien.

Um die Bitterkeit der Realität auszulöschen,
oder zu mildern, suchte er das Geträumte,
und ihm boten eine magische Vergangenheit
die Sagenkreise um Roland und die der Bretagne.

War die Sonne versunken, so pflegte er
das weite Feld zu betrachten, in dem ein Glanz von Kupfer dauerte;
er glaubte sich fertig, allein und arm,

ohne zu wissen, welcher Musik Herr er war;
aber im Hintergrund eines seiner Träume
zogen schon Don Quijote und Sancho vorbei.

LIMITES

De estas calles que ahondan el poniente,
Una habrá (no sé cuál) que he recorrido
Ya por última vez, indiferente
Y sin adivinarlo, sometido

A Quién prefija omnipotentes normas
Y una secreta y rígida medida
A las sombras, los sueños y las formas
Que destejen y tejen esta vida.

Si para todo hay término y hay tasa
Y última vez y nunca más y olvido
¿Quién nos dirá de quién, en esta casa,
Sin saberlo, nos hemos despedido?

Tras el cristal ya gris la noche cesa
y del alto de libros que una trunca
Sombra dilatan por la vaga mesa,
Alguno habrá que no leeremos nunca.

Hay en el Sur más de un portón gastado
Con sus jarrones de mampostería
Y tunas, que a mi paso está vedado
Cómo si fuera una litografía.

Para siempre cerraste alguna puerta
Y hay un espejo que te aguarda en vano;
La encrucijada te parece abierta
Y la vigila un cuadrifronte Jano.

GRENZEN

Von diesen Straßen, die tief ins Weite führen,
ist eine, nicht weiß ich welche, die ich gewandert
zum letzten Mal, unbekümmert
und, ohne es zu wissen – unterworfen

dem, der vorbestimmt die allmächtige Ordnung
und ein geheimes und starres Maß zumißt
den Schatten, den Träumen und den Formen,
die unser Leben flechten und entflechten.

Wenn es für alles ein Ende gibt
und ein letztes Mal und Nie-Wieder und Vergessen,
wer sagt uns, von wem in diesem Hause,
ohne es zu ahnen, für immer Abschied wir genommen?

Hinter dem Fenster weicht schon grau die Nacht
und oben unter den Büchern, die einen verstümmelten
Schatten über den verschwommenen Tisch breiten,
ist eines, das wir nie lesen werden.

Im Süden gibt es manchen verfallenen Torgang
mit seinen Krügen aus Steingut
und Kakteen, meinen Schritten versagt,
als ob dies alles nur eine Litografie wäre.

Für immer hast du eine Tür geschlossen
und irgendwo ist ein Spiegel, der dich vergeblich
erwartet.
Dir scheint die Wegkreuzung offen,
doch sie bewacht ein viergesichtiger Janus.

Hay, entre todas tus memorias, una
Que se ha perdido irreparablemente;
No te verán bajar a aquella fuente
Ni el blanco sol ni la amarilla luna.

No volverá tu voz a lo que el persa
Dijo en su lengua de aves y de rosas,
Cuando al ocaso, ante la luz dispersa,
Quieras decir inolvidables cosas.

¿Y el incesante Ródano y el lago,
Todo ese ayer sobre el cual hoy me inclino?
Tan perdido estará como Cartago
Que con fuego y con sal borró el latino.

Creo en el alba oír un atareado
Rumor de multitudes que se alejan;
Son lo que me ha querido y olvidado;
Espacio y tiempo y Borges ya me dejan

Es ist unter deinen Erinnerungen eine,
die unwiderruflich verloren ist.
Nicht werden dich hinabsteigen sehen zu jener Quelle
nicht die weiße Sonne, nicht der gelbe Mond.

Nicht wird deine Stimme zurückkehren zu den Liedern,
die der Perser sang in seiner Sprache der Vögel und der Rosen,
wenn beim Sonnenuntergang, vor dem abendlichen Licht,
du sagen willst die unvergeßlichen Worte.

Und die unermüdliche Rhône? Und der See?
Dieses ganze Gestern, über das ich mich heute beuge?
So verloren wird es sein wie Karthago,
das mit Feuer und Salz auslöschte der Römer.

Ich höre im Morgengrauen einen mühseligen
Lärm von Menschen, die sich entfernen.
Sie sind es, die mich geliebt und vergessen ...
schon verlassen mich Raum und Zeit und Borges.

BALTASAR GRACIÁN

Laberintos, retruécanos, emblemas,
Helada y laboriosa nadería,
Fué para este jesuíta la poesía,
Reducida por él a estratagemas.

No hubo música en su alma; sólo un vano
Herbatio de metáforas y argucias
Y la veneración de las astucias
Y el desdén de lo humano y sobrehumano.

No lo movió la antigua voz de Homero
Ni esa, de plata y luna, de Virgilio;
No vió al fatal Edipo en el exilio
Ni a Cristo que se muere en un madero.

A las claras estrellas orientales
Que palidecen en la vasta aurora,
Apodó con palabra pecadora
Gallinas de los campos celestiales.

Tan ignorante del amor divino
Como del otro que en las bocas arde,
Lo sorprendió la Pálida una tarde
Leyendo las estrofas del Marino.

Su destino ulterior no está en la historia;
Librado a las mudanzas de la impura
Tumba el polvo que ayer fué su figura,
El alma de Gracián entró en la gloria.

BALTHASAR GRACIÁN

Labyrinthe, Wortspiele, Sinnbilder,
eisigkalte, mühselige Albernheiten,
war diesem Jesuiten die Poesie,
zu Strategemen herabgewürdigt.

Er hatte keine Musik in der Seele; nur
ein eitles Herbarium von Metaphern und
Spitzfindigkeiten
und die Verehrung von Klügeleien
und die Verachtung des Menschlichen und
Übermenschlichen.

Nicht bewegte ihn die antike Stimme Homers,
nicht jene — von Silber und Mond — Virgils,
er sah nicht den unseligen Ödipus im Exil,
nicht Christus, wie er am Holze starb.

Die hellen Sterne des Ostens,
die in der weiten Morgenröte verblassen,
nannte er spottend mit sündigem Wort:
„Hühner der himmlischen Gefilde",

Worte, die so wenig von der göttlichen Liebe wissen
wie von jener, die auf den Lippen brennt. —
Ihn überraschte eines Abends der *Bleiche,*
gerade als er die Strophen des Marino las.

Sein weiteres Schicksal ist nicht in der Geschichte.
Den Wechselfällen des unreinen Grabes
preisgegeben der Staub, der gestern seine Gestalt war,
ging Gracians Seele in die Glorie ein.

¿Qué habrá sentido al contemplar de frente
Los Arquetipos y los Esplendores?
Quizá lloró y se dijo: Vanamente
Busqué alimento en sombras y en errores.

¿Qué sucedió cuando el inexorable
Sol de Dios, La Verdad, mostró su fuego?
Quizá la luz de Dios lo dejó ciego
En mitad de la gloria interminable.

Sé de otra conclusión. Dado a sus temas
Minúsculos, Gracián no vió la gloria
Y sigue revolviendo en la memoria
Laberintos, retruécanos y emblemas.

Was muß er gefühlt haben, als er
die Archetypen und die Herrlichkeiten vor sich sah?
Vielleicht hat er geweint und sich gesagt:
Vergeblich habe ich meine Nahrung in Schatten und
Irrtümern gesucht.

Was geschah, als die unerbittliche
Sonne Gottes, die *Wahrheit,* ihr Feuer zeigte?
Vielleicht ließ ihn das Licht Gottes blind
inmitten der unendlichen Glorie.

Ich weiß einen anderen Schluß. Eingesponnen
in seine winzigen Themen sah Gracian die Glorie nicht,
und fährt fort, in seinem Gedächtnis wiederzukäuen
Labyrinthe, Wortspiele und Sinnbilder.

UN SAJON

(A. D. 449)

Ya se había hundido la encorvada luna;
Lento en el alba el hombre rubio y rudo
Pisó con receloso pie desnudo
La arena minuciosa de la duna.

Más allá de la pálida bahía,
Blancas tierras miró y negros alcores,
En esa hora elemental del día
En que Dios no ha creado los colores.

Era tenaz. Obraron su fortuna
Remos, redes, arado, espada, escudo;
La dura mano que guerreaba pudo
Grabar con hierro una porfiada runa.

De una tierra de ciénagas venía
A esta que roen los pesados mares;
Sobre él se abovedaba como el día
El Destino, y también sobre sus lares,

Woden o Thunor, que con torpe mano
Engalanó de trapos y de clavos
Y en cuyo altar sacrificó inhumano
Caballos, perros, pájaros y esclavos.

EIN SACHSE

(A. D. 449)

Schon war der gekrümmte Mond versunken.
Langsam im Morgengrauen betrat der blonde,
ungeschlachte
Mann mit nacktem Fuß vorsichtig
den feinen Sand der Düne.

Jenseits der bleichen Bucht
erblickte er weiße Landstreifen und schwarze
Hügel,
in jener elementaren Stunde des Tages,
in der Gott die Farben nicht geschaffen hat.

Er war unermüdlich. Sein Vermögen bestand
aus Rudern, Netzen, Pflug, Schwert, Schild.
Die rauhe Hand des Kriegers vermochte
mit Eisen eine haltbare Rune zu schnitzen.

Von einem Land der Sümpfe kam er
zu diesem, das die wuchtigen Meere benagen.
Über ihm wölbte sich wie der Tag
das Schicksal und ebenso über seinen Hausgöttern

Wotan oder Thor, die er mit schwerfälliger Hand
mit Fetzen und Nägeln herausstaffierte,
und auf deren Altar der Unmenschliche
Pferde, Hunde, Vögel und Sklaven opferte.

Para cantar memorias o alabanzas
Amonedaba laboriosos nombres;
La guerra era el encuentro de los hombres
Y también el encuentro de las lanzas.

Su mundo era de magias en los mares,
De reyes y de lobos y del Hado
Que no perdona y del horror sagrado
Que hay en el corazón de los pinares.

Traía las palabras esenciales
De una lengua que el tiempo exaltaría
A musica de Shakespeare: noche, día,
Agua, fuego, colores y metales,

Hambre, sed, amargura, sueño, guerra,
Muerte y los otros hábitos humanos;
En arduos montes y en abiertos llanos,
Sus hijos engendraron a Inglaterra.

Gedenk- und Loblieder zu singen,
prägte er mühselige Namen:
der Krieg war die Begegnung der Männer
und auch die Begegnung der Lanzen.

Seine Welt war eine der Zauberbilder auf den Meeren,
der Könige und Wölfe und des Verhängnisses,
das keinen Pardon kennt, und des heiligen Schauderns,
das im Herzen der Fichtenwälder ist.

Er brachte die wesentlichen Worte
einer Sprache mit, welche die Zeit
zur Musik Shakespeares erhöhen würde: Nacht, Tag,
Wasser, Feuer, Farben und Metalle,

Hunger, Durst, Bitterkeit, Schlaf, Krieg,
Tod und die anderen Gewohnheiten der Menschen;
in undurchdringlichen Wäldern und offenen Fluren
haben seine Söhne England geschaffen.

MATEO XXV, 30

El primer puente de Constitución y a mis pies
Fragor de trenes que tejían laberintos de hierro.
Humo y silbidos escalaban la noche,
Que de golpe fué el Juicio Universal. Desde el invisible
horizonte
Y desde el centro de mi ser, una voz infinita
Dijo estas cosas (estas cosas, no estas palabras,
Que son mi pobre traducción temporal de una sola
palabra):
–Estrellas, pan, bibliotecas orientales y occidentales,
Naipes, tableros de ajedrez, galerías, claraboyas y sótanos,
Un cuerpo humano para andar por la tierra,
Uñas que crecen en la noche, en la muerte,
Sombra que olvida, atareados espejos que multiplican,
Declives de la musica, la más dócil de las formas del
tiempo,
Fronteras del Brasil y del Uruguay, caballos y mañanas,
Una pesa de bronce y un ejemplar de la Saga de Grettir,
Algebra y fuego, la carga de Junín en tu sangre,
Días más populosos que Balzac, el olor de la madreselva,
Amor y víspera de amor y recuerdos intolerables,
El sueño como un tesoro enterrado, el dadivoso azar
Y la memoria, que el hombre no mira sin vértigo,

MATTHÄUS XXV, 30

Die erste Brücke von Constitución, und zu meinen Füßen
das Dröhnen der Züge und Eisenbahnlabyrinthe.
Rauch und das Pfeifen der Lokomotiven stiegen die Nacht
hinan,
die plötzlich zum Jüngsten Gericht wurde. Vom
unsichtbaren Horizont
und aus der Mitte meines Seins sagte eine unendliche
Stimme
diese Dinge, (diese Dinge, nicht diese Worte,
die nur meine arme zeitliche Übersetzung eines einzigen
Wortes sind):
Sterne, Brot, Bibliotheken des Orients und des Okzidents,
Spielkarten, Schachbretter, Hausgänge, Oberlichter und
Keller,
ein menschlicher Körper, auf der Erde zu gehen,
Fingernägel, die in der Nacht und im Tode wachsen,
Schatten, der vergißt, geplagte Spiegel, die vervielfachen,
Hänge der Musik, der fügsamsten der Zeitformen,
Grenzen von Brasilien und von Uruguay, Pferde und
Morgen,
eine Bronzewaage und die Grettissaga,
Algebra und Feuer, der Angriff auf Junín noch in deinem
Blut,
Tage, bevölkerter als bei Balzac, der Duft des Geißblattes,
Liebe und Vorabend der Liebe und unerträgliche
Erinnerungen,
der Schlaf, wie ein vergrabener Schatz, der freigebige
Zufall,
und das Gedächtnis, dessen der Mensch nicht inne wird
ohne ein Gefühl des Schwindels,

Todo eso te fué dado, y también
El antiguo alimento de los héroes:
La falsía, la derrota, la humillación.
En vano te hemos prodigado el océano,
En vano el sol, que vieron los maravillados ojos de
Whitman;
Has gastado los años y te han gastado,
Y todavía no has escrito el poema.

alles dies war dir gegeben, und auch
der alte Nährstoff der Helden:
die Falschheit, die Niederlage, die Demütigung.
Umsonst haben wir den Ozean an dich verschwendet,
umsonst die Sonne, die die erstaunten Augen
Whitmans sahen.
Du hast die Jahre vergeudet und sie haben dich vergeudet
und noch immer hast du das Gedicht nicht geschrieben.

EL GOLEM

Si (como el griego afirma en el Cratilo)
El nombre es arquetipo de la cosa,
En las letras de *rosa* está la rosa
Y todo el Nilo en la palabra *Nilo.*

Y, hecho de consonantes y vocales,
Habrá un terrible Nombre, que la esencia
Cifre de Dios y que la Omnipotencia
Guarde en letras y sílabas cabales.

Adán y las estrellas lo supieron
En el Jardín. La herrumbre del pecado
(Dicen los cabalistas) lo ha borrado
Y las generaciones lo perdieron.

Los artificios y el candor del hombre
No tienen fin. Sabemos que hubo un día
En que el pueblo de Dios buscaba el Nombre
En las vigilias de la judería.

No a la manera de otras que una vaga
Sombra insinúan en la vaga historia,
Aun está verde y viva la memoria
De Judá León, que era rabino en Praga.

Sediento de saber lo que Dios sabe,
Judá León se dió a permutaciones

DER GOLEM

Wenn (wie der Grieche im Kratylos behauptet)
der Name der Archetyp des Dinges ist,
dann ist in den Buchstaben *Rose* die Rose,
und der ganze Nil in dem Worte *Nil.*

Und aus Konsonanten und Vokalen gefügt,
muß es einen fürchterlichen Namen geben,
der das Wesen Gottes in Geheimschrift nennt
und die Allmacht in richtigen Buchstaben und Silben
festhält.

Adam und die Sterne wußten es,
im Garten. Der Rost der Sünde
(sagen die Kabbalisten) hat es verwischt
und die Generationen haben es vergessen.

Die Kniffe und die Einfalt der Menschen
haben kein Ende. Wir wissen, daß ein Tag war,
an dem das Volk Gottes den *Namen* suchte
am Vorabend des Festes der Judenheit.

Nicht wie andere Erinnerungen,
die einen verschwommenen Schatten andeuten in der
verschwommenen Geschichte,
noch frisch und lebendig ist das Andenken an
Jehuda Löwe, der Rabbiner in Prag war.

Begierig zu wissen, was Gott weiß,
gab sich Jehuda Löwe Permutationen von Buchstaben hin

de letras y a complejas variaciones
Y al fin pronunció el Nombre que es la Clave,

La Puerta, el Eco, el Huésped y el Palacio,
Sobre un muñeco que con torpes manos
labró, para enseñarle los arcanos
De las Letras, del Tiempo y del Espacio.

El simulacro alzó los soñolientos
Párpados y vió formas y colores
Que no entendió, perdidos en rumores,
Y ensayó temerosos movimientos.

Gradualmente se vió (como nosotros)
Aprisionado en esta red sonora
de Antes, Después, Ayer, Mientras, Ahora,
Derecha, Izquierda, Yo, Tú, Aquellos, Otros.

(El cabalista que ofició de númen
A la vasta criatura apodó Golem;
Estas verdades las refiere Scholem
En un docto lugar de su volumen.)

El rabí le explicaba el universo
(Esto es mi pie; esto el tuyo; esto la soga)
Y logró, al cabo de años, que el perverso
Barriera bien o mal la sinagoga.

Tal vez hubo un error en la grafía
O en la articulación del Sacro Nombre;

und komplizierten Variationen
und sprach schließlich den *Namen* aus, welcher der
Schlüssel ist,

die Tür, das Echo, der Gast, der Palast,
über einer Puppe, die er mit unbeholfenen Händen
geschaffen,
um sie die Geheimnisse zu lehren,
der *Buchstaben*, der *Zeit*, des *Raumes.*

Die Truggestalt öffnete die schläfrigen
Augenlider und sah, verloren in Geräuschen,
Formen und Farben, die sie nicht verstand,
und versuchte zaghafte Bewegungen.

Nach und nach sah er sich (genau wie wir)
gefangen in diesem tönenden Netz
von *Vorher, Nachher, Gestern, Inzwischen, Jetzt,*
Rechte, Linke, Ich, Du, Jene, Andere.

(Der Kabbalist, der als Pate amtierte,
gab der riesigen Kreatur den Beinamen *Golem.*
Diese Wahrheiten berichtet Scholem
an einer gelehrten Stelle seines Bandes.)

Der Rabbi erklärte ihm das Universum –
(„Das ist mein Fuß, das der deine, das der Strick") –
und erreichte nach Jahr und Tag, daß der Perverse
schlecht und recht die Synagoge fegte.

Vielleicht war ein Fehler in der Grafik
oder in der Artikulation des *heiligen Namens,*

A pesar de tan alta hechicería,
No aprendió a hablar el aprendiz de hombre.

Sus ojos, menos de hombre que de perro
Y harto menos de perro que de cosa,
Seguían al rabí por la dudosa
penumbra de las piezas del encierro.

Algo anormal y tosco hubo en el Golem,
Ya que a su paso el gato del rabino
Se escondía. (Ese gato no está en Scholem
Pero, a través del tiempo, lo adivino.)

Elevando a su Dios manos filiales,
Las devociones de su dios copiaba
O, estúpido y sonriente, se ahuecaba
En cóncavas zalemas orientales.

El rabí lo miraba con ternura
Y con algún horror. *¿Cómo* (se dijo)
Pude engendrar este penoso hijo
Y la inacción dejé, que es la cordura?

¿Por qué di en agregar a la infinita
Serie un simbolo más? ¿Por qué a la vana
Madeja que en lo eterno se devana,
Di otra causa, otro efecto y otra cuita?

denn trotz so hoher Zauberei
lernte der Lehrling nicht sprechen vom Menschen.

Seine Augen, weniger die eines Menschen als die eines Hundes,
und beinahe weniger die eines Hundes als die einer Sache,
folgten dem Rabbi durch das unsichere Halbdunkel
der Räume des Geschosses.

Etwas Anormales und Unheimliches war im Golem,
denn, wenn er vorüberging, versteckte sich die Katze des Rabbiners.
(Diese Katze kommt bei Scholem nicht vor,
aber durch die Zeit hindurch errate ich sie.)

Wenn er seine Sohneshände zu seinem Gott (dem Rabbi) erhob,
ahmte er die Devotionen seines Gottes (des Rabbis) nach,
oder krümmte sich, mit einem stupiden Grinsen
in konkaven Bücklingen des Orients.

Der Rabbi betrachtete ihn mit Zärtlichkeit,
auch mit ein bißchen Schaudern. „Wie", sagte er sich,
„konnte ich diesen wehen Sohn zeugen
und meine Untätigkeit aufgeben, die allein Vernunft ist.

Warum fiel es mir bei, der unendlichen
Serie noch ein Symbol anzufügen? Warum gab ich
dem eitlen Knäuel, der sich im Ewigen abspult,
noch einen Anlaß, noch eine Wirkung, noch eine Sorge?"

En la hora de angustia y de luz vaga,
En su Golem los ojos detenía.
¿Quién nos dirá las cosas que sentía
Dios, al mirar a su rabino en Praga?

In der Stunde der Angst und des verschwommenen Lichts
ließ er seine Augen auf seinem Golem ruhen.
Wer kann uns sagen, welche Dinge Gott empfand,
wenn er auf seinen Rabbiner in Prag hinabsah?

EL TANGO

¿Dónde estarán? pregunta la elegía
De quienes ya no son, como si hubiera
Una región en que el Ayer pudiera
Ser el Hoy, el Aún y el Todavía.

¿Dónde estará (repito) el malevaje
Que fundó, en polvorientos callejones
De tierra o en perdidas poblaciones,
La secta del cuchillo y del coraje?

¿Dónde estarán aquellos que pasaron,
Dejando a la epopeya un episodio,
Una fábula al tiempo, y que sin odio,
Lucro o pasión de amor se acuchillaron?

Los busco en su leyenda, en la postrera
Brasa que, a modo de una vaga rosa,
Guarda algo de esa chusma valerosa
De los Corrales y de Balvanera.

¿Qué obscuros callejones o qué yermo
Del otro mundo habitará la dura
Sombra de aquél que era una sombra obscura,
Muraña, ese cuchillo de Palermo?

¿Y ese Iberra fatal (de quien los santos
Se apiaden) que en un puente de la vía,
Mató a su hermano el Ñato, que debía
Más muertes que él, y así igualó los tantos?

DER TANGO

Wo sind sie?, fragt die Elegie,
sie, die nicht mehr sind, als ob es
eine Region gäbe, wo das Gestern
das Heute wäre und das Noch und Immer.

Wo ist, ich wiederhole die Frage, der Galgenvogel,
der auf staubigen Erdstraßen
oder in verlorenen Siedlungen
die Sekte gründete des Messers und der Courage.

Wo sind jene, die vorübergingen,
eine Episode im Epos, die
ohne Haß, Gewinn oder Liebesleidenschaft
die Messerhelden waren ihrer Zeit?

Ich suche sie in der Legende, in der späten
Glut, die gleich einer vergilbten Rose
etwas bewahrt von dieser furchtlosen Unterwelt
von „Corrales" und der „Balvanera".

Welche dunklen Gassen und welche Einöde
der anderen Welt mag der harte Schatten
jenes bewohnen, der ein dunkler Schatten war:
Muraña, dieses Messer von Palermo.

Und jener unselige Iberra, dessen sich die
Heiligen erbarmen mögen, der auf einer Brücke
seinen Bruder den Ñato ermordete, der
noch mehr Tote auf dem Gewissen hatte als Iberra selbst.

Una mitología de puñales
lentamente se anula en el olvido;
Una canción de gesta se ha perdido
En sórdidas noticias policiales.

Hay otra brasa, otra candente rosa
De la ceniza que los guarda enteros;
Ahí están los soberbios cuchilleros
Y el peso de la daga silenciosa.

Aunque la daga hostil o esa otra daga,
El tiempo, los perdieron en el fango,
Hoy, más allá del tiempo y de la aciaga
Muerte, esos muertos viven en el tango.

En la música están, en el cordaje
De la terca guitarra trabajosa,
Que trama en la milonga venturosa
La fiesta y la inocencia del coraje.

Gira en el hueco la amarilla rueda
De caballos y leones, y oigo el eco
De esos tangos de Arolas y de Greco
Que yo he visto bailar en la vereda,

En un instante que hoy emerge aislado,
Sin antes ni después, contra el olvido,
Y que tiene el sabor de lo perdido,
De lo perdido y lo recuperado.

En los acordes hay antiguas cosas:
El otro patio y la entrevista parra.

Eine Mythologie der Dolche
entschwindet langsam dem Gedächtnis
und ein Heldenepos verliert sich
in schmutzigen Polizeiberichten.

Doch gibt es eine Glut, eine weißglühende Rose
der Asche, die jene in ihrem vollen Glanz erstrahlen läßt.
Da sind sie: die stolzen Messerhelden
und der Stoß des verschwiegenen Dolches.

Wenn auch der feindliche Dolch oder jener andere Dolch,
die Zeit, sie im Schlamm umkommen ließ,
heute, jenseits der Zeit und des unheilvollen Todes
leben diese Toten im Tango.

Sie leben in der Musik, in den Saiten
der fleißigen Gitarre,
die in einer glücklichen „Milonga" besingt
das Fest und die Unschuld der Courage.

Es dreht sich in der Runde das gelbe Karussell
der Pferde und Löwen und ich höre das Echo
jener Tangos von Arolas und von Greco,
die ich die Leute auf dem Gehsteig habe tanzen sehen,

in einem Augenblick, der auftaucht,
ohne ein Vorher oder Nachher,
der den Geschmack des Verlorenen hat,
des Verlorenen und doch Wiedergewonnenen.

In den Akkorden klingen alte Dinge auf:
der andere Patio und die Weinlaube.

(Detrás de las paredes recelosas
El Sur guarda un puñal y una guitarra.)

Esa ráfaga, el tango, esa diablura,
Los atareados años desafía;
Hecho de polvo y tiempo, el hombre dura
Menos que la liviana melodía,

Que sólo es tiempo. El tango crea un turbio
Pasado irreal que de algún modo es cierto,

Un recuerdo imposible de haber muerto
Peleando, en una esquina del suburbio.

(Hinter argwöhnischen Mauern bewahrt man
im Süden noch immer den Dolch und die Gitarre.)

Dieser Windstoß, der Tango, diese Teufelsbraut
trotzt der Last der Jahre.
Geschaffen aus Staub und Zeit, dauert der Mensch
weniger als die leichte Melodie,

die nur Zeit ist. Der Tango zaubert eine irreale Welt
der Vergangenheit hervor, die irgendwie dennoch
wirklich ist:

die unmögliche Erinnerung, gestorben zu sein,
erstochen an einer Straßenecke der Vorstadt.

ANMERKUNGEN

LA RECOLETA: Nobel-Friedhof in Buenos Aires.

ROSAS: Juan Manuel de R. (1793—1877), argent. Diktator. Von den argentinischen Nationalisten, eifrigen Parteigängern Hitlers, mit diesem verglichen, weil er das argentinische Nationalbewußtsein stärkte. Die Nationalisten, die sich Perón kurze Zeit vor dessen Sturz anschlossen, verherrlichten Rosas als ihren Schirmherrn. Im allgemeinen wird aber sein Name von den Argentiniern nur mit Abscheu genannt.

VORSTADT: *Manzanas* sind quadratische Häuserblocks von ca. 10 000 m^2, in die die Straßen von Buenos Aires eingeteilt sind.

AN DEN HORIZONT EINER VORSTADT: *Benteveo* (eigtl. *bienteveo*) ist ein in der Pampa häufiger Vogel, unserem Finken ähnlich, doch größer, mit dunklem Gefieder und gelbem Bauch. Sein Ruf klingt an *„bien te veo"* an, daher wohl die Benennung.

Picana ist ursprünglich der Stachelstecken der Ochsentreiber. Davon abgeleitet die *picana electrica*, ein unter Perón eingeführtes Folterinstrument, allgemein abkürzend als Picana bezeichnet.

VERSE AUS 1914: Mate ist das gedrechselte, eiförmige, ausgehöhlte Holzgefäß, aus dem mittels der Bombilla, eines am unteren Ende ausgebauchten und durchlöcherten Silberröhrchens, der Matetee gesaugt wird. Zur Herstellung des Mategefäßes werden eigene Holzarten verwendet, wie zum Beispiel der „palo santo", wörtlich: „heiliger Stock", so benannt wegen seines weihrauchartigen Duftes. Damit nun durch den Duft des Holzes das eigene Aroma des Matetees nicht verfälscht wird, muß der Mate behandelt, kuriert, „curado" werden, was in der Weise geschieht, daß man darin wiederholt Matetee aufgießt und tagelang stehen läßt.

DIE MYTHOLOGISCHE GRÜNDUNG VON BUENOS AIRES: *Juan Diaz de Solis* war einer der ersten spanischen Entdeckungsfahrer, die in den Rio de La Plata einfuhren. Das rote Sternchen könnte das Zeichen auf seinen Segeln gewesen sein, es könnte aber auch nur das Zeichen gemeint sein, womit etwa in einem Schulbuch auf einem Plan von Buenos Aires diese historische Stelle gekennzeichnet ist.

Riachuelo, Boca. Riachuelo ist der Fluß, der die Stadt im Südosten begrenzt und in den Rio de La Plata mündet. „Münden" heißt auf spanisch „desembocar", daher die Bezeichnung „Boca" für das an der Mündung des Riachuelos gelegene Stadtviertel. Es ist mit seinen buntangestrichenen Holzhäusern, den schmalen Gassen und dem alten Hafen ein besonders malerisches Viertel. Die Bevölkerung der Boca ist für ihren Lokalstolz bekannt.

Palermo. Frühere Vorstadt, jetzt Residenzviertel.

Guatemala, Serrano, Paraguay, Gurruchaga. Straßennamen.

Truco. Ein unter dem Volk seit alten Zeiten verbreitetes Kartenspiel, bei dem hauptsächlich mit „Bluffen" operiert wird. Der Ausdruck „truco" wird auch für Trick, Kniff, Bluff, verwendet, daher die Bezeichnung des Spiels.

Habanera, Gringo. Alte Schlager, so wie „La Cumparsita" oder „El Choclo".

Irigoyen, zweimal argentinischer Präsident, sehr populär, wird als Vater der liberalen Partei angesehen.

Saborido. Bekannter Tangokomponist.

ELEGIE DER TORWEGE: *Maldonado* ist ein kleiner Fluß.

BEZIRK DES NORDENS: *Milonga* ist ein typischer „baile porteño" (bodenständiger Tanz von Buenos Aires), dem Tango ähnlich, doch nicht traurig und langsam wie dieser, sondern eher fröhlich und rasch. Die Milonga hat in der Folklore ihren Ursprung und wurde erst unter dem Einfluß des Tangos zum „baile porteño" der Nachtlokale, der sie heute noch ist.

Cinco Esquinas = Fünf Ecken, von den Einheimischen noch heute allgemein gebrauchte Bezeichnung für eine Kreuzung mehrerer Straßen, die dort fünf Ecken bilden.

SCHLAFLOSIGKEIT: *Rancho* ist eine volkstümliche Hütte aus Pfählen und Kuhhäuten auf dem Lande.

HYPOTHETISCHES GEDICHT: *Francisco Narciso de Laprida* war Präsident der Asamblea von 1816, die die Unabhängigkeit der Provincias Unidas del Rio de La Plata erklärte. Er wurde im Jahre 1829 von den Truppen des Mönchs José Felix Aldao ermordet. Montoñeros waren im allgemeinen die berittenen Gauchos, die sich in den Freiheitskriegen den regulären Truppen angeschlossen hatten. In diesem Fall aber waren es berittene Guerilleros, mit denen sich Aldao an den Bürgerkriegen beteiligte, die unter den befreiten Kolonien ausgebrochen waren. Aldao war bekannt wegen seiner Grausamkeit. Das Gedicht entstand zu Peróns Zeit. Laprida war ein Vorfahre des Dichters.

UN SOLDADO DE URBINA: Gemeint ist der Capitán del Tercio Urbina aus *Don Quijote.*

MATTHÄUS XXV, 30: Die Stelle bei Matthäus lautet: „Und den unnützen Knecht stoße hinaus in die Finsternis, die draußen ist! Dort wird Heulen und Zähneknirschen sein!"

Constitución: Großer Bahnhof in Buenos Aires. In seiner unmittelbaren Nähe überqueren zwei hohe Fußgängerbrükken die Geleise.

In der Schlacht von Junín (Peru) am 6. August 1824 errang der amerikanische Freiheitskämpfer Bolivar den entscheidenden Sieg über die Royalisten. La Carga de Junín ist der Reiterangriff der Truppen Bolivars, die von Coronel Suarez, dem Urgroßvater des Dichters, befehligt wurden.

DER GOLEM: Juda León, in Wirklichkeit Jehuda Löwe aus Prag. Die Figur ist dem Roman *Der Golem* von Meyrink entnommen, ebenso wie der Scholem.

DER TANGO: *Balvanera.* Ein sehr altes Stadtviertel von Buenos Aires, wo Irigoyen geboren wurde.

Corrales. Wahrscheinlich Corrales, das Stadtviertel, das heute „Once" bzw. „Plaza Miserere" heißt, wo die Westbahn ihre Endstation hat. Seinerzeit wurde das Vieh, das mit der Westbahn ankam, dort in die „Corrales" (Umzäunungen) abgeladen, und danach erhielt das Viertel seinen Namen.

Muraña, Iberra und Ñato. Bekannte Messerhelden jener Zeit.

Arolas und Greco. Tangokomponisten, deren Tangos Carlos Gardel gesungen hat, der berühmteste und populärste Tangosänger aller Zeiten.

NACHWORT

Im Jahre 1963 hat Rechtsanwalt Otto Wolf, der in den dreißiger Jahren aus Deutschland ins politische Exil nach Argentinien geflohen war, die erste zweisprachige Auswahl von Jorge Luis Borges' Hauptwerk, den Gedichten, in deutscher Sprache vorgelegt: Es waren insgesamt 45 von 168 Gedichten, die unter folgenden Titeln erschienen waren: *Fervor de Buenos Aires* (1923; dt. *Buenos Aires mit Inbrunst*, 1983); *Luna de enfrente* (1925; dt. *Mond gegenüber*, 1983); *Cuaderno San Martin* (1929; dt. *Notizheft San Martin*, 1983); *El Otro, El Mismo* (1963; dt. *Der Andere, der Selbe*, 1983).

Für den landes- und geschichtsunkundigen Leser hatte Wolf außerdem aufschlußreiche Anmerkungen beigefügt.

Die Bekanntschaft mit dem Dichter verdankt Europa übrigens Roger Caillois, der im Paris der fünfziger Jahre seine Landsleute mit dem Werk des argentinischen Kollegen bekannt machte. Auf ihn beruft sich Karl August Horst in seinem Nachwort zu *El Hacedor* (1960; dt. *Borges und Ich*, 1963) und beschreibt die gemeinsam erfahrene Schwierigkeit, Borges durch »die schmale Leier« seiner Reime zu begleiten.

Borges wurde am 24. August 1899 im Stadtteil Palermo von Buenos Aires, Argentinien, geboren. Er starb am 14. Juli 1986 in Genf und ist auf dem dortigen Friedhof Plainpalais beerdigt. Der Knabe wuchs mehrsprachig auf. Bei seiner Großmutter Frances Haslam aus Northumberland lernte er die englische Sprache und übersetzte als Neunjähriger Oscar Wildes *The Happy Prince*. Das Original des *Don Quijote*, den er als Heranwachsender zuerst auf englisch las, empfand er zunächst als schlechte Übersetzung, bis er viel später in seinem Gedicht »An die deutsche Sprache«, der er erklärtermaßen viel verdankte, schrieb:

»Mein Schicksal ist die Sprache Kastiliens,
das Erz Francisco de Quevedos…«

Jorge Luis Borges hat sein Leben lang in Buenos Aires gewohnt, in seiner Geburtsstadt, die er mehrfach liebevoll, wehmütig, spöttisch besang, mit all ihren Schattierungen. Kein Zufall daher, daß er sich als Bürger betrachtete. Sein Name – Borges – bedeutet, wie er sagt, Mann der Stadt, bourgeois, borghese, burgher, homem do burgo, burguês. Einer seiner Vorfahren war Jude, ein portugiesischer Seemann und Neuchrist, als Schutz gegen die Inquisition. Daher Borges' Liebe zu Spinoza, seine Bewunderung für den Staat Israel, der ihn auszeichnete.

Argentinien ist seiner Auffassung nach geprägt von einer Mittelklassengesellschaft und daher bürgerlich kosmopolitisch, weltoffen. Deshalb ist sein Spanisch, wie das der einstigen *provincia oriental*, Uruguay, eine Sprache der Mitteilung, der Gemeinsamkeit, leise, fließende Prosa – im Gegensatz zum Idiom Spaniens mit seinen Einwürfen und Ausrufen, seiner Rhetorik, seiner Herbheit. »Unser Bauer, unser Gaucho kennt die Ironie, das englische *understatement*, somit das Gegenteil der spanischen Übertreibung.« Ein Blick in Borges' Poesie, gleich ob gereimt, in freien Versen, kurz, lang, beweist es: sie ist erzählend, chronikhaft, berichtend oder betrachtend, aber nie egozentrisch, hypertroph. Sein Stil ist die Zwiesprache. Seine Erholung, seine Anregung, sein Gewinn ist die Zwiesprache mit Menschen aller Länder, Sprachen, Klassen. »Die beste Erfindung des Menschen, erfunden, wie fast alles, von den Griechen. Auch Geographie ist wichtig, wohl nicht weniger wichtig als die Psychologie.«

Die Familie des Dichters ist seit dem siebzehnten Jahrhundert in Argentinien ansässig. Sein Vater, Anwalt, Leser und Freund der Literatur, war Freidenker, seine Mutter war Katholikin. »Religion ist Sache der Frau«, sagte sein Vater, der seine Neigungen auf den Sohn, ein vielversprechendes Wunderkind, übertrug. In der Tat ist Borges, trotz seiner Reisefreudigkeit, sein Leben lang nicht müde geworden zu betonen: »Im Grunde bin ich nie aus der Bibliothek meines Vaters herausgekommen« – Welt bedeutet für Jorge Luis Borges somit Weltliteratur. Und er erklärt allen Ernstes: »Als Schriftsteller halte ich es für meine Pflicht, nicht etwa neue Themen zu erfinden; vielmehr muß ich meinem Dialekt, meinem Land und meiner Zeit gewisse Dichtungen mit leichten Abwandlungen, die mehr oder minder kostbar sein mögen, wiederholen.«

Im Jahre 1914 verlegte die Familie Borges ihren Wohnsitz nach Genf, wo Jorge Luis das Baccalauréat bestand und fließend Französisch lernte, dazu Deutsch, um Schopenhauer studieren, Hölderlin und Keller lesen und an Hand von Heine »Deutschlands Wortmusik« kennenlernen zu können. Zwischen 1919 und 1921 stürzt der junge Literat sich in den Madrider Freiheitswirbel des allbeherrschenden *Ultraismo*; dort druckten spanische Zeitschriften seine Übertragungen von Becher, Klemm, Stadler und Stramm. Von manchen erbat er sich Briefe, um am Schriftbild ihren Charakter erkennen zu können. Zurück in Buenos Aires veröffentlichte er ein Jahr später, 1923, seinen ersten Lyrikband, *Fervor de Buenos Aires*, den persönlichen Niederschlag seiner Wiederbegegnung mit der Vaterstadt, maßvoll »ultraistisch«, doch wuchernd von Argentinismen. »Dieses Buch läßt alles ahnen, was ich später noch sagen werde«, schreibt Borges rückblickend und merkt anderswo an: »Nicht immer gleicht uns das, was wir sagen.«

Erst nach dem Tod des Vaters im Jahre 1938 war er gezwungen, eine schlechtbezahlte »babylonische« Beschäftigung in einer Stadtbibliothek anzunehmen, die er 1946 durch Peróns Machtübernahme verlor. Nach dessen Sturz wurde er, fast erblindet, 1955 Direktor der Staatsbibliothek, sowie Mitglied der Akademie. Es folgten Preise, Ehrungen, Einladungen ins Ausland, Vortragsreisen, Ausgaben seiner Bücher in mehreren Sprachen. 1961 erhielt er mit Samuel Beckett den Internationalen Verlegerpreis Formentor;

fortan war sein Wort in Gremien, Universitäten und Zeitschriften der Welt gefragt und gerühmt. Von 1964 an konnte Borges nicht mehr lesen.

Gleich in den ersten Gedichten schlägt Borges sein Hauptthema an, die Zeit , und deren Metapher, der Fluß, eine Konstante, die sein Werk durchzieht, vermutlich ausgelöst durch die Lektüre der Vorsokratiker und der Philosophie des deutschen Idealismus von Schopenhauer und Nietzsche. In *Inquisiciones* (1952; dt. *Befragungen*, 1981), heißt es: »Die Zeit ist ein Fluß, der mich mitreißt, ich bin dieser Fluß, sie ist ein Tiger, der mich zerfleischt, aber ich bin der Tiger, sie ist ein Feuer, das mich verzehrt, aber ich bin das Feuer. Unglücklicherweise ist die Welt wirklich, und unglücklicherweise bin ich Borges.«

Nachdenken über die Zeit – für Borges das anspruchsvollste, lebensnotwendigste Problem der Metaphysik. Den Anstoß gab ein Jugenderlebnis beim Durchwandern der nächtlichen Straßen seiner Vaterstadt: »Ich hatte das Gefühl, tot zu sein, ich fühlte mich als abstraktes Wahrnehmungsorgan der Welt...«

Sein Jugendehrgeiz bestand darin, außerhalb der Zeit zu leben, was ihm aber nur zweimal, für Sekunden, gelang. Daher gründete er zusammen mit seinem späteren Koautor Adolfo Bioy Casares die Zeitschrift *Destiempo*, die es aber nur auf drei Nummern brachte. Einer der größten Irrtümer unserer Zeit bestehe in der Übertreibung der Geschichte, befand Borges immer wieder.

Borges' Kernfrage ist die Verbindung von persönlicher und absoluter Zeit; das Gedächtnis ist für ihn die polare Ergänzung unserer Wahrnehmung. »Unsere Vergangenheit ist unsere Erinnerung, und diese Erinnerung kann eine latente oder irrige Erinnerung sein. Sie kann lügen, und dann ist die Lüge eben Teil der Erinnerung, Teil von uns.

Folglich weiß die Kunst nicht, ob sie von etwas oder von jemandem geschenkt ist oder aus sich selbst entsteht. Jedenfalls ist sie das Geschenk der Erinnerung der Menschheit.«

Punkt und Kreis, Augenblick und Zyklus sind für Borges formale Entsprechungen. Gott ist das unendliche Gedächtnis, der Mensch ist sein Gedächtnis. Von welchem Gott spricht Borges? Nicht von einem Erlöser-Gott, nicht von Christus, dem eingeborenen Sohn Gottes, höchstens von einem Schöpfergott. Die Ewigkeit als kreisender Zeitfluß bedeutet für Borges, daß nichts sich ändert; die Zeit ist ein Zeitlabyrinth, in dem sich alles wiederholt, ein zerstückeltes Abbild der Ewigkeit.

Dichtung, die nicht biographisch ist, hat für Borges keinen Wert. So entwickelt sich der durch die Straßen von Buenos Aires Wandernde der frühen fünfziger Jahre zu dem im Labyrinth Irrenden, zu Odysseus; eine weitere Figur ist der Suchende: »Der Bibliothekar antwortete: Gott ist in einem der Buchstaben auf einer der Seiten eines der vierhunderttausend Bände des Clementinum. Meine Eltern und die Eltern meiner Eltern haben diesen Buchstaben gesucht. Ich bin vom Suchen blind geworden.« (*El Milagre Secreto*, 1944; dt. *Kunststücke*, 1981).

In Borges' Kosmos überwiegt die Welt der Ideen die der Ereignisse. »Das Wirkliche vermischte sich mit dem Geträumten, richtiger gesagt, das Wirkliche war eine der Figuren des Traumes«, schreibt Borges in *El Hacedor*. Alles bedeutende Leben ist Wiederholung. Borges' Richtung, wie er selbst in *La muralla y los libros* (in: *Befragungen*) schreibt, ist seine bevorstehende Offenbarung, die sich nicht vollzieht. Denn alle Erscheinungen und Vorgänge der Welt, vergangene und gegenwärtige, sind in einem Punkt, dem *Aleph*, sichtbar versammelt: das Eine in Allem. Wirklichkeit ist Anachronismus.

»Ich schreibe Geschichten und Gedichte. Ich hoffe, Menschen durch sie zu bewegen, zu erfreuen. Mehr will ich nicht.« Er macht zu seinem Thema, was dem Experimentiertrieb des Poeta Ludens entgegenkommt: Geschichte, Vorgeschichte, Sagas; Philosophie: Heraklit, Spinoza; Religiöses: *Ein Gebet*, biblische Themen; Literatur: Joyce, Rubaiyat, Melville; Erinnerung, Vergessen, Talismane; der Archetyp, einmal als *Unending Gift*, einmal als *Unending Rose*; Träume und Spiegel; Degen und Labyrinthe; Schatten, Blindheit und Tod; Länder: Neuengland, Israel, Argentinien – Episches aus seinen Unabhängigkeitskriegen, Buenos Aires, der Mut der Messerstecher aus den Vorstädten, die Mionga, Vorläufer des *Tango argentino*, der Gaucho –; Tiere: Bison, Nachtigall, Tiger.

Der Schriftsteller Borges leugnet die Zeit, die Geschichte, die Person. Das Sonett »Ich« aus *Die tiefe Rose* (1975) endet:

»Ich bin der, der Niemand ist, kein Degen war
Im Krieg. Ein Echo, bin Vergessen, nichts.«

Jorge Luis Borges hält sich für einen Europäer in der Verbannung. »Das ist ein Vorteil, daß wir an keine örtliche, eigenständige Tradition gebunden sind, das heißt, wir können erben; wir erben in der Tat den gesamten Westen, und wenn wir Westen sagen, heißt das, Osten sagen, da das, was westliche Kultur heißt, vereinfacht gesprochen, eine Hälfte Griechenland, die andere Hälfte Israel ist. Somit müssen wir versuchen, alles zu sein, was wir sein können. Und dies müssen wir zu bereichern und auf unsere Weise weiterzutragen versuchen. Als Europäer in der Verbannung kann ich weiter gespannt sein als ein in Europa Geborener und kann das Erbe des Europäers in mir vereinen, kann politische Schranken und Landesgrenzen vergessen und muß mir diesen reichen, weiten Kontinent verdienen, eben weil wir nicht in ihm, sondern in einem anderen geboren wurden.«

Noch im Jahre 1986 , kurz vor seinem Tode und vor einer neuen Vortragsreise nach Übersee, sagte Borges zu einem New Yorker Verleger am Telephon: »Sir, ich bin Poet, Anarchist und Koamopolitz. Nationalismus ist der schlimmste Fluch der modernen Welt.«

All dies scheint zu Borges' Denkergebnis zu führen: Kunst, Literatur muß unabhängig sein von Politik und Geschichte. »Art happens« – zitiert der Dichter Whistler. Und so wählt Borges auch seine Themen nicht, vielmehr wählen sie ihn, wie er sagt und nachweist.

Daher glaubt er auch an eine Art von Inspiration: eine Bewegung in der Luft, ein Laut, ein Wort führen ihn zum Auftakt des Gedichts. Für die Erzählung wird er mit Anfang, Mitte, Schluß beschenkt. Der Rest ist Arbeit, Phantasie, Erfindung. Daher verlegt er seine Erzählungen meistens ins Ende des 19. Jahrhunderts, weil er dann – so glaubt er – leichter phantasieren und fälschen kann.

Grundlegend ist für Borges das Ethos – gewissermaßen als unsichtbare Kirche. Eine Handlung nach ihren Folgen zu beurteilen, nach Scheitern oder Erfolg, ist für ihn unzulässig. Allein das Gewissen zählt, als erstes und letztes Richtmaß. Er hat die *Göttliche Komödie* immer wieder gelesen und sich dabei dank der Kunst des Katholiken Dante von Himmel, Hölle, Fegefeuer, Schuld und Sühne überzeugen lassen; persönlich neigt der Protestant Borges jedoch eher Swedenborg zu, der meint, der Mensch wähle seinen Himmel und seine Hölle selbst. Das Jenseits ist für ihn eine schöne menschliche Erfindung. Er selbst glaubt an das völlige Ende des Menschen mit dem Tod.

Als junger Mensch wollte er eine tragische Figur sein – Hamlet oder Raskolnikow. Im Alter hat er sich damit abgefunden, irgendwer zu sein, belanglos, doch immerhin zu sein: »SEIN ist nicht weniger wichtig«. Im Alter übte er sich in Gelassenheit, die für ihn schon eine Art des aus Bescheidenheit nicht erwarteten Glücks war. »Ein kultivierter Mensch muß ethisch sein«, wiederholte er gerne, »als Ergebnis der Intelligenz, nicht etwa der Dummheit. Schlechte Menschen sind meist einfältig und eben nicht intelligent.«

Borges empfand sich im Grunde als nostalgischen, theoretischen Anarchisten mit einem ausgeprägten Sinn für Humor. Neben dem Humor war seine hervorragendste Tugend vielleicht die Furchtlosigkeit. Als er telefonisch eine Morddrohung erhielt, gab er dem Anrufer seine genaue Anschrift: »Ein Schild *Borges* im sechsten Stock weist Ihnen den Weg.« Und als er als Ordinarius von seinen Studenten bedroht wurde, falls er nicht zu einer ihrer Kundgebungen mitgehe, würden sie das Licht löschen, warf er hin: »Löschen Sie es. Ich war vorsichtig genug, blind zu sein.« Im Gegensatz zu allen anderen Kollegen führte er seine Vorlesung unbeirrt zu Ende.

Borges hat viele Jahrzehnte im sechsten Stock eines Mietshauses in der Calle Maipú gewohnt, schräg gegenüber vom Hotel Dorá, unweit der Plaza San Martín. Es war eine kleine Wohnung von unauffälliger Bequemlichkeit, wo schon alles gesagt und alles vergessen worden ist. Sein Schlafzimmer glich einer Klosterzelle mit Eisenbett; an der Wand hing eine Reproduktion von Dürers »Ritter, Tod und Teufel«, ein Bild, das er zweimal besungen hat, einmal als Sonett, das andere Mal in freien Rhythmen. Betreut hat ihn, bis sie 1975 neunundneunzigjährig starb, seine Mutter, Leonor Acevedo de Borges. »Als Gewohnheitstier käme es mir sonderbar, ungewohnt vor zu sterben«, scherzte einer, der Jahre vor seinem Tode auf sein Ende wartete.

Vor seinem Tod in der Schweiz, »einem meiner Vaterländer«, hat Borges seine langjährige Hilfe, Sekretärin und Reisebegleiterin, die Nippo-Argentinierin Maria Kodama, geheiratet.

Abgesehen von Unveröffentlichtem hinterließ er ein Werk, das aus 17 Gedichtbänden, 13 Bänden mit Erzählungen und 15 Bänden mit Essays besteht; 12 Werke hat er in Zusammenarbeit mit Autoren wie Adolfo Bioy Casares, Maria Esther Vásquez, Maria Kodama und anderen geschrieben; außerdem gibt es 51 Vorwörter, Nachwörter und dergleichen mehr von ihm, sowie 15 Übersetzungen, 16 Gespräche und Interviews mit Borges und 7 Anthologien. Die Arbeiten über den Dichter gehen in die Hunderte.

Ich habe Jorge Luis Borges mehrmals besucht und ihn in Europa mehrmals gesprochen. Bei seinem letzten Besuch in München, 1982, fragte ich ihn am Schluß eines Rundfunkgesprächs, was für ihn das Wichtigste sei, und er antwortete ohne Zögern auf deutsch: »Die Lei-den-schaft!«

Wie er bei seinem ersten Besuch in der Bundesrepublik während eines Berliner Symposiums sein Sonett »Spinoza« sprach, mit schrägem Kopf zum Publikum gewandt, gestützt auf Maria Esther Vásquez, wird mir unvergeßlich bleiben – als Stimme, Tonfall, musikalisch-wehmütiges Vibrato. Und auch seine Neugierde, seine Freude am Zusammensein, am Gespräch und am Gedankenaustausch. Vor allem aber seine Höflichkeit, so wie er sie an einem seiner Freunde, dem Verfasser des berühmten Gaucho-Romans *Don Segundo Sombra*, Ricardo Güiraldes, in einem Sonett (dt. in: *Lob des Schattens*, 1969) rühmte:

»Niemand wird seine Höflichkeit vergessen;
Sie war die ungesuchte, erste Form
Der Güte, wahre Zahl der Seele, unbemessen
Und klar wie eines Tages heile Norm.«

Frühjahr 1990 *Curt Meyer-Clason*

INHALT

Zweisprachige Lyrikausgaben

W. H. Auden
Anrufung Ariels
Ausgewählte Gedichte. Englisch / Deutsch.
Aus dem Englischen von Erich Fried, Hans Egon Holthusen, Ernst Jandl, Simon Werle. 153 Seiten. Serie Piper 842

Giacomo Leopardi
Canti · Gesänge
Italienisch / Deutsch. Aus dem Italienischen von Hanno Helbling.
Mit einem Nachwort von Horst Rüdiger. 314 Seiten.
Serie Piper 1022

Eugenio Montale
Glorie des Mittags
Ausgewählte Gedichte. Italienisch / Deutsch.
Übertragen und mit einem Nachwort von Herbert Frenzel. 176 Seiten. Geb.

Eugenio Montale
Satura – Diario
Gedichte aus den späten Zyklen. Italienisch / Deutsch.
Aus dem Italienischen von Michael Marschall von Bieberstein.
191 Seiten. Serie Piper 947

Pier Paolo Pasolini
Gramsci's Asche
Gedichte. Italienisch / Deutsch.
Mit einem Nachwort von Michael Marschall von Bieberstein.
Aus dem Italienischen von Toni Kienlechner. 192 Seiten. Serie Piper 313

Pier Paolo Pasolini
Die Nachtigall der katholischen Kirche
Gedichte. Italienisch / Deutsch.
Aus dem Italienischen von Toni und Bettina Kienlechner. 218 Seiten. Serie Piper 560

Zweisprachige Lyrikausgaben

Saint-John Perse
Anabasis
Gedicht. Französisch / Deutsch. Übertragen von Friedhelm Kemp.
Mit einer Vorrede von Hugo von Hofmannsthal und einem Nachwort von T. S. Eliot.
79 Seiten. Serie Piper 874

Salvatore Quasimodo
Ein offener Bogen
Gedichte. Italienisch / Deutsch. Übertragung und Nachwort von Gianni Selvani.
139 Seiten. Serie Piper 1111

Giuseppe Ungaretti
Ich suche ein unschuldiges Land
Gedichte. Italienisch / Deutsch. Übertragung und Nachwort von
Michael Marschall von Bieberstein. 316 Seiten. Leinen

Lope de Vega
Wir leben in zwei Zeiten
Lieder und Romanzen. Spanisch / Deutsch. Herausgegeben, übersetzt und mit
einem Nachwort von Erwin Walter Palm. 96 Seiten. Serie Piper 809